WEISHEIT VON WHITE EAGLE

W0088713

Weisheit von White Eagle

Aquamarin Verlag

Titel des Originals:
WISDOM FROM WHITE EAGLE

Übersetzt von W. und E. Ohr und G. Schmid-Curtius

© Copyright der Originalausgabe:
The White Eagle Publishing Trust, New Lands, Liss
Hampshire GU33 7HY England 1967

5. Auflage 1987

© *Aquamarin Verlag*

Voglherd 1 · D-8018 Grafing / München

ISBN 3-922936-19-9

Jürgen Mayer KG · Haunwang 1 · 8311 Eching

INHALT

* In den White-Eagle-Büchern wird des öftern die Weiße Bruderschaft (The white Brotherhood) erwähnt. Diese uralte Bezeichnung hat einen symbolischen Sinn, und jeder Mensch, gleich welcher Hautfarbe, wird zum «weißen Bruder», wenn die Liebe zu allem Leben die Grundhaltung seines Denkens ist und er dies in seinem täglichen Leben zum Ausdruck bringt.

VORWORT

Es sind nun mehr als 40 Jahre her, seit White Eagle, unser geliebter Lehrer aus der geistigen Welt, zu uns kommt. Durch all die schweren Jahre des Feuers und der Konflikte brachte er uns tröstende und erhebende Botschaften und führte uns allmählich zu einem besseren Verständnis für den Sinn des Lebens. Er erklärt uns, daß seine Belehrungen aus der Sphäre Johannes, des Lieblingsjüngers Christi, stammen, und daß Johannes der Herold des beginnenden Wassermann-Zeitalters sei. Dieses Zeitalter bringt der Menschheit weltweite Bruderschaft und eine Neuorientierung über den Sinn des Lebens und des Menschen seelische Entfaltungsmöglichkeiten.

Die Zeit wird kommen, versichert uns White Eagle, da die Entschlüsselung der Symbolsprache in der Offenbarung Johannes die Entfaltung der seelischen und geistigen Kräfte des Menschen erkennen läßt. Es handelt sich hierbei um die Kraft des Heilens, die Gabe der Erkennung von Geistwesen, die Kommunikationsmöglichkeit mit Wesen aus höheren Sphären und mit Gott. In des Menschen eigener Seele, in seinem höheren Selbst, liegen die Beweise, sogar die Gewißheit für die Existenz der inneren Welten. Das Tor zu seinem höheren Selbst liegt in seinem Herzen. Jesus wußte darum, als er sagte: «Du sollst den Herrn, deinen Gott, mit ganzem Herzen, ganzer Seele und ganzem Gemüt lieben und deinen Nächsten wie dich selbst.»

Das Fische-Zeitalter vergeht, das neue Zeitalter

des Wassermann hat begonnen. Es bringt dem Menschen tiefere Weisheit und neue Erkenntnisse über sich selbst und seine höheren Fähigkeiten, so daß er diese Fähigkeiten und Gaben des Geistes entfalten kann und dadurch auf dem Entwicklungspfad zu Glück und Vollkommenheit rascher vorwärts kommt.

So blicken wir denn mit Hoffnung und Vertrauen in die Zukunft und sind in unserem Suchen nach der Wahrheit White Eagle für seine liebevolle Führung und Weisheit von Herzen dankbar.

Grace Cooke

Der Inhalt der 10 Kapitel dieses Buches wurde uns von White Eagle durch die Medialität von Grace Cooke übermittelt. Jeder Vortrag, resp. jedes Kapitel, ist in sich ein Ganzes.

*

I

ALLES, WAS REIN UND GUT IST, KOMMT VON GOTT, IST WIRKLICHKEIT

Wir bringen dir Frieden, Freude und Liebe. Wir möchten dein Bewußtsein erweitern, damit du die Gegenwart der Erleuchteten wahrnehmen kannst. Wir möchten dir helfen, dein Herz den großen Wächtern zu öffnen, damit du die Botschaft, die sie bringen, in deinem Herzen vernehmen kannst. Versuche zu erkennen, daß du nicht so klein bist, wie du meinst, sondern Teil einer viel schöneren Seele, als du ahnst. Diese Seele ist dein höheres Selbst. Lediglich ein kleiner Teil von dir manifestiert sich in deinem Körper. Etwas in dir, dein inneres Selbst, ist dauernd mit deinem höheren Selbst verbunden. Das letztere ist getrennt von Gott und dennoch Teil von IHM. Diese Gedanken liegen jenseits deines heutigen Begriffsvermögens, jedoch zur gegebenen Zeit wird sich dir die Wahrheit und Schönheit jenes höheren Selbst, das größere Leben, kund tun.

Solange du im Körper weilst, lebst du in scheinbarer Dunkelheit und Einschränkung und kennst nicht den Leitstern über dir, der mit deinem Herzen verbunden ist. Die stillen Wächter, die dich während deiner Erdenreise begleiten, siehst du nicht. Kaum begreifst du, wie gut du behütet und geführt wirst. Sagte nicht der Meister: «Kein Sperling fällt vom Dach, ohne daß es der VATER im

9

Himmel wüßte», und «sogar die Haare auf deinem Haupt sind gezählt». Du aber vergißt diese Weisheitsworte, wenn du in deinen kleinlichen Ängsten gefangen bist. Du wirst von deinen Befürchtungen heimgesucht, ja sogar besessen.

Wenn du dich doch an die Christusworte erinnern wolltest, daß der VATER deine Bedürfnisse kennt, und daß ER dein Leben so geplant hat, daß letztendlich Glück und nicht Sorge auf dich wartet! Allmählich lernst du, deinem Schöpfer zu vertrauen, denn die Erfahrung wird dich lehren, daß aus allem Bitteren etwas Gutes resultiert, und daß nichts so schlimm ist, wie du fürchtest.

Versuche das, was wir sagen, in Erinnerung zu behalten. Wir wissen, daß etliche von euch dringend Trost, Mut und Aufmunterung brauchen. Sei versichert, mein Freund, daß der VATER im Himmel deine Nöte kennt. Was dir jetzt geschieht, formt deinen Charakter und bringt Schönheit in dein Leben. Du denkst vielleicht, wir seien überoptimistisch. Wir haben aber allen Grund, optimistisch zu sein, denn unsere Sicht reicht weiter als die deine, und wir können sehen, daß alles gut wird.

Oftmals wird die Frage gestellt, warum die Unschuldigen für die Schuldigen leiden müssen. Wir aber sagen euch, daß die Unschuldigen nicht für die Schuldigen leiden. Ihr seht die Dinge von eurem Standpunkt aus und kennt nicht die unendlich große Liebe und Gnade des Schöpfers. Nichts wißt ihr über die liebevolle Fürsorge, die denen zugute kommt, die leiden und einsam und furchtsam sind. Ihr seht die Katastrophen, den toten Körper, die leere Hülle und stöhnt: «Wie furchtbar! Wie schrecklich ist der Tod.»

Doch ihr wißt nicht, wie gut die Vorsehung für diejenigen sorgt, deren Schicksal es ist, plötzlich und auf eine scheinbar schreckliche Art und Weise vom Körper getrennt zu werden. Stets sind hierfür Vorkehrungen getroffen. Die Verunglückten wissen nicht, was ihnen geschieht. Sie wissen lediglich, daß sie leben, sich bewegen und in einer Welt atmen, die identisch scheint mit der bisherigen. Behutsam und mit viel Liebe werden sie zu der Erkenntnis gebracht, daß sie ihren ehemaligen Körper verlassen haben und «tot» sind.

Wir in der geistigen Welt wachen über ihren Zustand, bis sie sich der neuen Lage bewußt geworden sind, und wir wissen, daß sie tiefe Freude und Dankbarkeit für einen so leichten Übergang empfinden. Freude und Dankbarkeit sind denn auch die erste Reaktion, wenn sie sich in der neuen Umgebung zurechtfinden. Diese ist für sie solid und real, ähnlich der irdischen Welt, die sie zurückgelassen haben, jedoch viel schöner.

Zarte Fürsorge und Liebe wachen unaufhörlich über den Menschen, nicht nur im Zeitpunkt des Todes. Sie sind immer da und behüten und erhalten die Menschheit. So war es immer, und so wird es stets sein.

*

Als menschliches Leben auf diesem Planeten begann, war es unbefleckt und rein. Ihr in eurem

fortschrittlichen Denken meint, daß die Paradieses-
geschichte eine Erzählung für Kinder sei. Sie bein-
haltet aber eine tiefgründige Wahrheit.

Am Anfang erdachte sich der Schöpfer das vollkommene Leben. ER stattete den Menschen mit
gewissen Kenntnissen aus. Tief in seine Seele
legte ER den Schlüssel zu den Mysterien und dem
Wunder des Lebens. Die Erde aber zog den Menschen in ihren Bann. Statt frei zu bleiben, wurde er
zum Sklaven der Materie. Gott gab dem Menschen
nicht nur eine schöne Erde, um darauf zu leben und
einen schönen Körper, um darin zu wohnen, sondern ER sandte ihm durch die Jahrtausende hindurch hilfreiche Boten. Zuerst kamen sie nicht nur
aus der geistigen Welt, sondern auch von anderen
Planeten und aus dem All. Sie wurden Gottmenschen genannt, denn sie waren gekommen, um dem
Erdenmenschen erweiterte Kenntnis über das kosmische und himmlische Leben zu bringen.

Ihr kennt Überlieferungen von den verschiedensten Katastrophen und über das versunkene Atlan-
tis. Auch andere Kontinente verschwanden auf
ähnliche Weise, von denen ihr nie etwas gehört
habt. Ihr kennt nicht einmal das Alter der Erde.
Auch über die wahre Natur von Zeit und Raum
habt ihr keinen rechten Begriff. Eure Wissenschaftler haben ihre eigenen Methoden der Altersbestim-
mung und bauen auf ihnen ihre Theorien auf. Diese
werden eine zeitlang geglaubt, um dann von anderen abgelöst zu werden.

Bis der Mensch seine geistigen Fähigkeiten entwickelt hat, versteht er tatsächlich weder den Zeit-

noch den Raumbegriff. Diese Erkenntnisse kommen erst mit der Erweiterung seines Bewußtseins.

Eines Tages wird der Mensch erkennen, daß er nicht nur von geistigen Welten und ihren Lebewesen, sondern auch von feinstofflichen oder halbstofflichen Welten, mit Wesen ähnlich wie er selbst, umgeben ist. Oftmals mischen sich Geistwesen unter euch, die nicht von eurer Welt, sondern von anderen Planeten kommen. Es ist bekannt, daß solche Wesen durch sensitive Menschen zu euch sprechen.

Der Mensch ist in seinen Ideen festgefahren und kommt von seiner einspurigen Denkart nicht los. Außerhalb dieses festgefahrenen Denkens aber gibt es so viele wunderbare Dinge, solch herrliche Sphären, von denen ihr nichts ahnt. Ihr empfindet euer Leben als schwierig und einsam und habt das Gefühl, dauernd im Streß zu sein. Eure Füße sind schwer, und der Weg, auf welchem ihr euch vorwärts schleppt, ist steinig.

Übt die Gabe der inneren Schau, und habt den Mut, das zu glauben, was ihr glauben möchtet. So viele haben gesagt: «O White Eagle, ich wünschte, ich könnte glauben. Gib mir Beweise, und ich glaube.»

Mein Freund, der Beweis, den du haben willst, liegt *in dir!* Du möchtest bestätigt bekommen, daß du ein ewig lebendes Wesen bist, daß dein Schöpfer die Alliebe ist, daß du den Tod nicht zu fürchten brauchst und daß du dich von denen, die du liebst, nicht trennen mußt. Die Bestätigung jedoch liegt in deinem eigenen Wesen. Du möchtest die Versicherung bekommen, daß du dir in deinen Meditationen nichts vormachst, dir nicht Dinge vorstellst, die sehr schön, doch im Grunde genommen unwirklich und phantastisch sind. Wenn du dich in der Meditation zum Schöpfer empor hebst, wird dir bewußt, daß es etwas Verehrungswürdiges und Wunderbares gibt. Du spürst den Odem des Unendlichen, den Hauch dieses Odems, die Freude jenes Lebens. Ist dies wirklich, oder verliert es sich im harten Licht des Morgens?

Alles was heilig, schön, rein und gut ist, kommt von Gott und ist wirklich. Das ist dein wahrer Lebensbereich. Nun wirst du fragen: «Warum sind wir dann hier unten Gefangene unseres dichten Körpers? Warum ist denn die Welt so tief gefallen, da doch das Leben vor Äonen so herrlich war? Wenn diese Welt ein Garten Eden war, was ist denn seither geschehen? Und was haben *wir* getan, sie in diesen schrecklichen Zustand zu bringen?» Ja, was habt ihr getan?

Was tut ihr jetzt? Das ist der springende Punkt! Denn würdet ihr jederzeit im Bewußtsein eures Schöpfers, im Bewußtsein Christi, des Gottessohnes, leben, ihr würdet weder leiden noch in Dunkelheit gefangen sein. Die Liebe Gottes und der geistigen Welten ist schöpferisch und erzeugt Harmonie und Schönheit in eurem Körper, eurem Leben und in eurer Umgebung. Sie verleiht euch ein geistiges Leben, das durch die Illusion eines selbstsüchtigen Erdendaseins nicht verängstigt, verletzt, getrübt und beschmutzt werden kann.

Gott hat in euer Herz den Schlüssel zum Himmelreich gelegt. Die dunkle Erde kann euch nicht zurückhalten. Wenn heute die Erde von trübem Nebel umgeben ist, dann war es nicht Gott, der ihn schuf, sondern der Mensch, der ihn verursachte. Wenn ihr immerzu an Gottes Sonne und Gottes Schönheit denkt, so daß ihr selber licht werdet, dann werden für euch Dunkelheit und Nebel schwinden. Dann seid ihr Lichter, und sobald genügend Lichter da sind, lösen sich Dunkelheit und Nebel auf.

Jesus sagte: «ICH BIN das Licht der Welt.» Wie versteht ihr diesen Ausspruch? Jesus wird kaum gemeint haben, daß er ein Licht in dunkler Nacht sei. Doch er meinte, das «ICH BIN», der Christus im Inneren ist das Licht, die Auferstehung und das Leben. So auch strahlt das «ICH BIN» aus dem Herzen des Menschen, ein Licht, das allen Nebel und alle Dunkelheit durchdringt.

Ihr sprecht von «im Licht leben». Und tatsächlich, wenn ihr an einem Ort seid wie in unserer Loge, fühlt ihr, daß ihr «im Licht» seid. Ihr schließt eure Augen und meditiert über das geistige Sonnenlicht. Ihr seht strahlende Wesen in allen Farben des Spektrums gekleidet. Ihr wandert in eurer Meditation in Gärten von unbeschreiblicher Schönheit. Ihr begegnet Menschen mit vor Liebe und Weisheit strahlenden Gesichtern. Dann kehrt ihr zurück in das, was ihr die Wirklichkeit nennt. Doch die Vision, die ihr während eurer Meditation hattet, ist die Realität, denn das ist euer wahres Leben, das Leben des Geistes. Ihr kehrt zurück in die Illusion. Wißt ihr, daß eure physische Welt eine

Illusion ist? Wißt ihr, daß sie eigentlich aus Licht aufgebaut ist? Wißt ihr, daß euer physischer Leib, könntet ihr ihn hellsehend wahrnehmen, aus Licht zusammengesetzt ist?

✢

Überall auf der Erde findet man Ruinen großer Sonnentempel. Wissenschaftler zerbrechen sich den Kopf, wie die Vorfahren Steinquader von vielen Tonnen Gewicht transportierten und aus ihnen Tempel erbauten. Man kannte die Kraft von Klang und Rhythmus. Man verstand jene Kraft und konnte sie anwenden. In anderen Fällen erbaute man Tempel aus ätherischer Substanz und Licht, aber im Laufe der Zeit und mit dem Zuendegehen der geistigen Kräfte des Menschen verhärteten sich diese Tempel zu Stein. Wer zu gewissen Zeiten zu den Ruinen von Stonehenge geht und dort sein inneres Auge öffnet, sieht große Engelwesen von anderen Planeten, deren Kraft dort verankert ist. Wollt ihr denn nicht erkennen, daß die Schöpfung kein Phänomen der Erde, der Venus oder irgend eines anderen Planeten ist? Sie ist doch eine kosmische Angelegenheit und alle ihre Teile bilden eine Einheit und sind in steter Wechselbeziehung zueinander.

In vergangenen Zeitaltern kamen «Gottmenschen» von der Venus auf die Erde. Doch auch vom Mars und etwas seltener vom Merkur. So werden denn auch wiederum Wesenheiten aus dem Weltall kommen, werden von euch gesehen und erkannt werden, wenn Gott es für gut findet und die Erdenmenschen hierfür bereit sind. Sie werden der Menschheit großes Glück bringen.

Wir wollen euch die Verwirklichung des göttlichen Gesetzes der Liebe nahe legen, wie auch den Glauben an die große geistige Familiengemeinschaft, den Glauben an die Engel von anderen Planeten und den Glauben an das große geistige Universum, aus dem sich euer Planet in eine Form der Materie kristallisiert hat, die ihr sehen und verstehen könnt.

Begeht nicht den Fehler, eure Gedanken und Vorstellungen vom Leben auf Sichtbares zu beschränken. Laßt eure Gedanken in ein geistiges Universum vordringen, in ein Weltall jenseits, weit jenseits eures ach so kleinen Planeten. Mischt euch unter die Brüder aus anderen Welten. Tut dies, meine Erdenfreunde, bevor ein Unglück geschieht, was sehr wohl möglich sein könnte, wenn der Mensch sich weigert, sein Bewußtsein der großen geistigen Bruderschaft und Kameradschaft zu öffnen.

*

II

DU BIST EIN TEIL GOTTES

Jeder von euch wird von einem erleuchteten Wesen aus der Sphäre des Lichtes begleitet, von einem Führer, Lehrer oder einem Gefährten, und ganz gewiß auch von dem, der dir am nächsten steht, denn wo Liebe ist, gibt es keine Trennung. Wenn der, der euch am nächsten steht, im Jenseits lebt, meine Freunde, versucht euch klar zu werden, daß die ätherische Brücke überschritten werden kann. In der Tat werden Engel und eure Liebsten zu euch gelangen können, wenn ihr euer Bewußtsein zu ihnen erhebt. Versucht diese Wahrheit zu begreifen, denn *ihr* könnt die Brücke bauen, durch eure Liebe, durch den Glauben an Gottes Liebe und durch den Glauben an die Liebe selbst.

Wenn euch Zweifel packen, dann besinnt euch, daß diese aus dem niederen Selbst kommen oder aus dem, was ihr manchmal den «Verstand» zu nennen pflegt. Es ist lediglich dieses niedere, materielle Selbst, das euch von denen trennt, die ihr liebt und die im Lande des Lichtes wohnen.

Diese Botschaft ist speziell für diejenigen bestimmt, welche dringend Trost brauchen und eine dauernde Gemeinschaft mit ihren Lieben bestätigt haben möchten. Wir sehen viele bekümmerte Herzen, viel Einsamkeit und Verzweiflung.

Wir wollen das höhere Leben weder vermaterialisieren noch Beweise bringen, die eure physischen Sinne befriedigen würden. Wir hoffen vielmehr, daß wir euch zu jener Bewußtseinshöhe empor führen können, auf welcher ihr des geistigen Lebens gewahr werden könnt.

Es gibt viele Menschen, die erklären, es sei den Himmlischen ganz unmöglich, die Irdischen zu erreichen. Sie glauben, daß diejenigen, die in Himmelshöhen wohnen, vom Erdenleben für immer getrennt seien. Sie sind aber nur dann von euch getrennt, wenn ihr selber die Trennung vollzieht. Wer sein geistiges Leben entfaltet, wird ganz natürlich himmelwärts streben, und die Jenseitigen werden ihm halbwegs entgegenkommen. Es ist des Schöpfers Wille, daß Seine Söhne und Töchter lernen sollen, die dichten Schleier zu durchdringen, die sie auf Erden umgeben, die Schleier der Selbstsucht und des Materialismus, welche die Himmelswelten verbergen. Das niedere Selbst hält den Menschen an die physische Materie gefesselt. Doch der Mensch kann durch richtiges Denken, durch ein rechtschaffenes Leben, durch geistiges Streben wie auch auf dem Weg des Leidens die Sphären des Himmels finden. Dort findet er die Wahrheit. Er findet sie durch die Liebe, mag sein durch die Liebe zur Natur, zur Schönheit, zur Musik, oder durch die Liebe zum Bruder Mensch, zu Gott. Seine Gottesliebe wird zur Nächstenliebe, denn er findet Gott im Menschen.

*

19

Manche sagen, man müsse über die Persönlichkeit hinausgelangen, doch sie wissen nicht, was unter Persönlichkeit zu verstehen ist. Johannes sagt: «Wer seinen Bruder, den er sehen kann, nicht liebt, wie kann er Gott lieben, den er nicht sehen kann?» Im Menschen, in seiner Persönlichkeit, liegt der Geist Gottes, wenn auch sehr verborgen.

Jesus, der voll Mitgefühl und barmherzig war, zeigte uns, wie man Gott im Menschen findet. Er blickte in die Seelen jener, die sich um ihn scharten. Er überschaute ihr Leben und erkannte die Last ihres Karmas. Er war barmherzig und vergab viel.

Wenn gesagt wird, man müsse über die Persönlichkeit hinausgelangen, dann will das heißen, man müsse den innewohnenden Geist entwickeln und stärken, so daß man weder durch das Äußere getäuscht wird, noch durch persönliche Interessen gebunden bleibt. Über die Persönlichkeit hinausgelangen heißt, von deren Bindung loskommen und gleichzeitig den Wert der Persönlichkeit erkennen. In der Persönlichkeit Jesus, des Christus, wird dir der göttliche Mensch gezeigt. Das hilft dir, den Geist Gottes besser zu verstehen.

Die Darstellung Jesu als den liebevollen Erlöser zeigt so recht die Liebe des vollkommenen Menschen. Wenn du dich mit seiner Persönlichkeit beschäftigst, strebt die Seele aufwärts, um den Segen der göttlichen Liebe zu empfangen, die zur erlösenden Gnade der Menschheit wird. Denn wenn die Göttlichkeit Christi dem Menschen offenbar wird, wird er EINS mit dem Geist Gottes. Dieser geht in ihn ein und strahlt aus ihm aus.

Jesus sagt diese Wahrheit in folgenden Worten: «Ich bin im VATER und der VATER ist in mir.» Und: «Hättet ihr mich gekannt, dann hättet ihr auch meinen VATER gekannt.»

Seht ihr jetzt den Wert einer Persönlichkeit, wenn sie durch den Geist Gottes vervollkommnet ist? Nun stellt euch die gesamte Menschheit vor, wie sie denselben Geist der Liebe ausstrahlt. Das wäre die universale Bruderschaft, und es würde ins Tierreich, ins Pflanzenreich und sogar ins Mineralreich ausstrahlen. Selbst die Steine würden es spüren.

Die göttliche Essenz – die Liebe – das ist Gott, der Schöpfer. Gott ist Liebe, und alles Leben, alle Form ist durch Liebe erschaffen, gleichviel auf welcher Stufe sie wirkt. Wir wollen hier gleich festhalten, daß Form nicht nur auf dem irdischen Plan erschaffen wird, sondern auch auf anderen Ebenen. Ist es möglich, daß Formen und Gestalten auch in den geistigen Welten erschaffen werden? Selbstverständlich! Muß eine Frau auf die Freude der Mutterschaft in der geistigen Welt verzichten? Warum sollte sie? Wie unten so oben. Wie oben so unten. Sehnt sie sich danach, ein Kind im Arm zu halten, dann kann sie diese Freude auch im geistigen Bereich erleben.

Wir versuchen euch zu erklären, daß von oben bis unten eine dauernde gegenseitige Durchdringung allen Lebens besteht. Alles Leben ist EINS. Doch der Mensch, ein Funke Gottes, muß dies durch seine Erfahrungen in der dichtesten Form des Lebens auf der Erde kennen lernen. Wurde er doch erschaffen, um Meister über die Materie zu werden. Auch auf der physischen Ebene ist er immer noch ein Teil des Schöpfers, immer noch ein Sohn, eine Tochter Gottes. Alle Kreatur, Pflanze, Tier, Mensch und Engel, jegliche Form des Lebens, stammt aus ein und demselben Geist. Alle sind eine große Familie mit Gott Vater und der Göttlichen Mutter. Diese mystische Wahrheit findet ihren Ausdruck in der heiligen Dreieinigkeit, symbolisiert in der Form des Dreiecks.

Des Menschen Ziel ist seine Wiedervereinigung mit der heiligen Familie, der Dreiheit VATER-MUTTER-KIND. Anders ausgedrückt: Der Göttliche Lebensfunke, der vom Herzen des Schöpfers ausging, wandert weit, um auf Erden zu inkarnieren. Er erlangt Weisheit und Verstehen und kehrt allmählich mit vollem Bewußtsein seiner selbst, als Teil Gottes, zurück. Dieses ist das Ziel jeder menschlichen Seele. Bedenke daher, was vor dir liegt. Laß dich nicht entmutigen. Werde nie müde Gutes zu tun. Lege deine Werkzeuge nicht aus der Hand, bis die Arbeit getan ist.

Schließe jetzt deine Augen und versuche, die Gestalt der göttlichen Mutter zu schauen. Sie, Maria, die geistige Mutter, kommt in unsere Mitte und trägt reine, weiße Lilien in ihrem Arm. Nun verwandeln sich diese Lilien in ein Kind. Das ist ein Symbol für dich und bedeutet, daß aus Reinheit, aus reiner Liebe, das Kind geboren wird. Die Reinheit der göttlichen Mutter bringt das Christuskind zur Welt. Das Kind, Teil des Schöpfers, kommt auf die Erde, um ein erfülltes Leben zu leben. Es spielt, es verletzt sich und wird geheilt. So entwickelt es sich und wächst und kommt mit jeder folgenden Inkarnation näher zu seinem Ziel, bis es zuletzt zum vollkommenen Menschen, zum Sohn Gottes, zum Christuswesen wird.

*

Doch bevor der Mensch sich vom Grabe der Erdgebundenheit erheben und zum VATER zurückkehren kann, erwartet ihn eine Einweihung – die Kreuzigung. Die Kreuzigung Jesu war die physische Offenbarung einer geistigen Wahrheit – Kampf der Seele, die sich aus irdischen Ketten befreit.

Ihr alle habt gelitten und wißt, auf wieviel verschiedene Arten der Mensch gekreuzigt werden kann. Das geschieht nicht nur einmal. Für viele Menschen scheint das Leben eine dauernde Kreuzigung zu sein, fortwährende Nöte und Leiden. Hierbei kämpfen sie die ganze Zeit, um ihre Schwierigkeiten, das Los des Erdenmenschen, zu überwinden. Die Kreuzigung muß immer und immer wieder durchgestanden werden, bis zu dem Moment, wo der Schmerz, wie bei Jesus, nur noch vom Beschauer wahrgenommen wird. Die Seele selber ist nicht mehr beteiligt, sondern jenseits körperlichen Leidens.

In den Apokryphen kann man lesen, daß Jesus während der Kreuzigung mit seinen Jüngern sprach. Er selber war frei, war sich nicht mehr der Schmerzen seines Leibes bewußt, denn er hatte die

Meisterschaft über ihn erlangt. Es ist wichtig, daß ihr dies versteht. Wenn ihr eine Kreuzigung erleidet und im Kampfe mit eurem niederen Selbst steht, dann kann das wahre Selbst, das wahre Kind Gottes, darüber stehen. Die Leute mögen sagen: «Wie schrecklich ist es doch, so viel Leiden mitansehen zu müssen.» Das ist richtig, denn wir sollen immer Liebe und Sympathie empfinden. Doch der Weise sagt: «Ein weiser Mensch trauert weder über die Lebenden noch über die Toten.» Er hat überwunden, denn er weiß, daß die Seele in der Hand Gottes ist und ihren vorbestimmten Weg geht. Er weiß, daß dem Leiden und der Kreuzigung die Auferstehung folgt. Das wollen wir euch allen besonders ans Herz legen. Auf Zeiten von Leid und Schmerz, die ihr standhaft ertragen müßt, folgt neues Leben, folgt eine Neugeburt.

*

Die Erleuchteten sind um euch, es gibt weder Vergangenheit noch Zukunft. Alles ist JETZT. Alle sind mit euch. Der Nazarener ist dir nahe, und wenn du in deinem Herzen die Kameradschaft mit ihm lebendig werden läßt, wirst du seine Gestalt auf einer höheren Ebene wahrnehmen. Es ist die wahre und vollkommene Gestalt des Meisters. So kannst du auch durch deine seelische Kraft und durch die geistige Kraft Gottes in Gedanken die Gestalt irgend eines Heiligen formen, ohne daß es Phantasie wäre. Es ist die wirkliche Gestalt des Betreffenden, denn sie ist EINS mit Gott, ein Teil von Gott, wie auch du ein Teil von IHM bist.

Man könnte es einen Zustand kosmischen Bewußtseins nennen, dieses Einssein mit allen und Einssein
mit Gott. Alle, die du je gekannt, geliebt und be-
wundert hast, sind dann mit dir, denn in der Liebe
gibt es keine Trennung.

*

III

DER HIMMEL IST IN DIR

In der geistigen Welt arbeiten wir in Gruppen, und jeder Einzelne in der Gruppe leistet seinen besonderen Beitrag zum Ganzen. Wir sind eine Gruppe von «weißen Brüdern», die alle eines Geistes und in völliger Harmonie einer mit dem anderen sind. Manchmal, wenn wir zu euch reden, könnt ihr wahrnehmen, daß eine Veränderung in der Sprache, in der Art der Darstellung oder in der Art der Beeinflussung zu bemerken ist. Das bedeutet, daß jedesmal ein anderer Aspekt der Gruppe die Kontrolle übernommen hat.

In den Mitteilungen aus der geistigen Welt bleibt euch manches unverständlich, weil ihr, eingekleidet in euren physischen Körper, lediglich dreidimensional denken könnt. Wenn ihr in Harmonie mit dem göttlichen Gesetz zu leben und zu arbeiten lernt, werdet ihr von allen Einschränkungen befreit sein. Frei vom Irdischen, nicht durch den Tod des Leibes, sondern weil ihr gelernt habt, die Materie zu meistern. Hat die Seele vollständige Meisterschaft über die Materie, über das niedere Selbst und die niederen Sphären errungen, dann ist sie frei, und es spielt keine Rolle, ob sie einen physischen Leib hat oder nicht. Sie ist frei, auf jeder höheren Ebene zu wirken. Wir wollen es fest in eurem Gemüt verankern, daß ihr schon *jetzt* die Möglichkeit in euch habt, euer Bewußtsein, eure Tätigkeit, euer Sein auf höhere und weitere Lebenssphären auszudehnen.

Wir wollen nicht allzu ausführlich sein, wenn wir von den unsichtbaren Welten sprechen, denn zuviel darüber, ehe ihr bereit seid, würde euch nur verwirren. Wir können euch tatsächlich die Wunder des unsichtbaren Universums nicht verständlich machen, solange euch die Fähigkeit mangelt, sie euch vorzustellen. Die Vorstellungskraft, oder die Imagination, ist in Wahrheit die Kraft des Schöpfers, die in euch wirkt. Wenn ihr euch etwas vorstellt, dann erschafft ihr hiervon ein Bild, das aber nur in dem Maße deutlich sein kann, als Gott in euch gegenwärtig ist. Die von Gott gegebene Kraft zu sehen und zu erschaffen liegt in jedem von euch. «Sichtbar» wird aber nur ein winziger Teil von Gottes wunderbarer Schöpfung, bis ihr die notwendige Kraft des Schauens und Vorstellens entwickelt habt. Ihr alle dürft so vieles erhoffen, so vieles aus eurem Innern schöpfen.

Die Möglichkeit, alle Ebenen des Lebens zu erschließen, von der physischen, der dichten ätherischen, der astralen, der niederen mentalen, der höheren mentalen, bis zu der himmlischen Ebene und sogar darüber hinaus, liegt im Menschen. Doch er muß den Schlüssel finden und lernen, das jeweilige Tor zu öffnen.

Wenn du, je nach deinem Karma, aus einem kurzen oder langen Leben scheidest, findest du dich in einem Zustand, den manche das Fegefeuer nennen. Dieser Ausdruck jedoch ist irreführend, denn es handelt sich eher um eine Selbstprüfung, ein sich selbst richten, indem man in seine Vergangenheit blickt und die gemachten Fehler und Irrtümer erkennt. Nach dieser Periode der Selbstprüfung, in welcher die Seele getröstet und ermutigt wird, folgt eine Zeit des Ausruhens und des Glücklichseins, während der sie Gott findet. Man kann diesen Zustand am besten so beschreiben, daß die Seele in all ihren Aspekten «eine Zeitlang» zufriedengestellt ist. Sie ist völlig glücklich, denn sie sieht Gott überall und in allen Dingen. Dies andererseits stimuliert Gott in ihr, so daß sie, die Gottes Herrlichkeit geschaut hat, zur Erde zurückkehren möchte, um erneut zu wirken. Es ist ungefähr so, wie wenn man nach einer langen Ferienzeit wieder arbeiten möchte.

Kehrt dann die Seele zurück, trägt sie ein Bündel mit sich, manchmal ein sehr großes, das ihr Karma enthält. Die Möglichkeiten geistiger Entfaltung sind durch die Größe des karmischen Bündels begrenzt. Man redet oft leichthin über das Begleichen von Karma, doch Karma ist viel mehr als eine Abzahlung von Schulden aus früheren Leben. Es bringt neue Gelegenheiten mit sich. Das Schuldenbegleichen gibt der Seele eine erneute Chance zum Fortschritt. Das ist es, warum wir immer und immer wieder sagen: «Nimm es an! Nimm dein Karma dankbar und freudig an.»

Es erscheint hart und ist auch hart, denn des Menschen niedere Körper, wozu der astrale Leib der Wünsche und der niedere mentale Leib des eigensinnigen Intellekts gehören, rebellieren gegen die Disziplin, die das Karma verlangt. So du das, was du nicht magst, annimmst, und die Gelegenheiten, die das Karma mit sich bringt, wahrnimmst, wird sich dein Bewußtsein erweitern.

Der Mensch muß lernen, sein Karma anzunehmen und von den angebotenen Gelegenheiten Gebrauch zu machen, wenn er mehr und schwierigeres Karma vermeiden will. Durch ein Leben des Gehorsams gegenüber dem Gesetz der Bruderschaft wird er wachsen, bis er freundlich und liebevoll, wahrhaftig und weise geworden ist, ausgerüstet mit allen Tugenden eines wahren Bruders. Unentwegte Ausdauer und ernsthaftes Bemühen, die oft so lästig und langweilig und dennoch so wichtig sind, bringen ihn letztendlich zum Ziel.

Mit einem erweiterten Bewußtsein wirst du erkennen, daß das gesamte menschliche Leben nach Harmonie strebt, daß dein Karma stets auf innere Harmonie abzielt und dich von der Versklavung durch das irdische Selbst, den erdgebundenen Verstand, befreit. Karma ist nicht etwas, vor dem man zurückschrecken müßte. Es ist vielmehr etwas, über das man froh sein sollte, auch wenn es schwierig ist. Jegliches Wachstum scheint zu seiner Zeit schwierig. Selbst eine Geburt mag schwierig sein, doch wie groß ist die Freude danach!

Was jeder Einzelmensch durch sein Karma, durch die ihm gebotenen Möglichkeiten und durch seine geistige Entwicklung erlebt, das erleben auch Nationen, Planeten, sogar ganze Sonnensysteme. Alle unterstehen sie einem großen Gesetz der Entfaltung und des Wachstums. Man könnte es auch als rhythmisches Ein- und Ausatmen beschreiben. Normalerweise ist der Vorgang des Atmens so harmonisch und rhythmisch, daß man ihn gar nicht beachtet. So auch der große Lebensrhythmus. Immerzu strömt das göttliche Leben in den Menschen ein und zieht sich wieder zurück – fließt in die Verkörperung und verläßt sie wieder. Zeitalter kommen und gehen, um wieder neu zu entstehen. Das Leben ist ein kontinuierlicher Rhythmus, eine nie endende Bewegung zu immer größerer Vollkommenheit. Wird diese Vollkommenheit jemals erreicht? Nein! Es ist wie bei einer Bergwanderung, wo immer mehr und mehr enthüllt und immer herrlichere Ausblicke frei werden.

*

Der Mensch ist nicht allein auf seinem Entwicklungspfad. Er wandert in Begleitung der Weißen Bruderschaft, der Brüder des Lichtes, oder der Brüder des Sterns, wie immer ihr sie nennen wollt. Wo immer eine Gruppe von Männern und Frauen, die das Gesetz der Bruderschaft genau befolgen, zusammen kommt, um in Liebe zu dienen, wo immer der Geist wahrer Bruderschaft herrscht, wird die Aufmerksamkeit der Unsichtbaren erregt, die hinter den Kulissen wirken, um das Werk zu fördern. Sie werden ihre Hilfe nie verweigern, es sei denn, die Gruppe verschleudert eigenwillig ihre geistige Kraft.

Die älteren Brüder kommen in physischer Gestalt immer wieder auf die Erde. Sie arbeiten, zumeist unerkannt, unter ihren Schülern. Erst wenn ein Schüler geprüft wurde und gegenüber dem Gesetz

Gehorsam gelernt hat, wird er fähig, einen älteren Bruder, eine ältere Schwester, mit vollem Bewußtsein zu erkennen.

Durch Meditation und indem man lernt zu unterscheiden, wird eine Fähigkeit entwickelt, mit der man einen älteren Bruder auf der Astralebene mit Sicherheit erkennen kann. Viele sehnen sich danach, einen Meister zu sehen, seine Berührung zu spüren und seine Stimme zu hören. Doch der Schüler muß genügend geistige Reife haben, um einen älteren Bruder auf der Astralebene zu erkennen. Dies ist eine sehr wirkliche Ebene des Bewußtseins, ja sogar viel substanzieller als die physische Welt. Würdet ihr einen Meister oder älteren Bruder erkennen, wenn er an einem öffentlichen Ort zu euch spräche, oder in einem Fahrzeug oder in diesem Raum neben euch säße? Wahrscheinlich nicht.

Als Jesus die Jünger auf dem Weg nach Emmaus traf, erkannten sie ihn nicht. Sie wanderten und redeten mit diesem, ihrer Meinung nach, ganz gewöhnlichen Menschen und fragten ihn, da sie ihn für einen Fremden hielten, ob er von der Kreuzigung Jesu gehört hätte. Ihr seht daraus, wie wünschenswert es ist, eine Gabe zu entwickeln, die euch befähigt, über die Menge hinaus zu blicken, um den Meister zu erkennen oder seine Stimme zu hören.

Horcht, meine Freunde und hört, öffnet eure Augen und schaut – dann werdet ihr den finden, den ihr zu hören und zu sehen verlangt. Jegliches Vorurteil in euch muß zuvor abgebaut werden. Wie kann man das tun? Da gibt es nur *einen* Weg: sein Herz mit Liebe füllen! Und was bedeutet Liebe?

Liebe heißt, nur Gutes denken. Viele Gefühle und Emotionen werden irrtümlicherweise für Liebe gehalten. Liebe ist aber nichts anderes, als das Verlangen des Liebenden, das geliebte Wesen glücklich zu machen. Auf menschlichem Niveau wahrer Liebe wird jeglicher selbstsüchtige Gedanke durch liebevolles Umsorgen des Geliebten verdrängt. Im umfassenderen Sinne bedeutet Liebe das seelische Verlangen, Liebe und Glück zu spenden.

Wenn du so lebst und wirkst, und wir hoffen du versuchst es, wenn du deine Mitmenschen segnest, immer dein Bestes gibst, wahre Liebe an alles Leben auf allen Ebenen spendest, dann kommst du der Freiheit, der Meisterschaft sehr nahe. Alle Reformen, die du ersehnst, kannst du durch dein Gottstreben erreichen. Dies willst du nicht wahrhaben, doch denk darüber nach. Was du denkst, was du sagst, was du tust – das zählt!

Die älteren Brüder ermahnen dich, dir ständig bewußt zu sein, daß du göttlich bist, daß du Geist bist, daß du dein inneres Leben kultivierst, und daß du keine Tat vernachlässigst, welche deinem Nächsten dient und ihm Glück bringt.

*

IV

DER ENTWICKLUNGSPFAD

Wir kommen, um euch von Tumult und Unruhe des physischen Lebens in das Bewußtsein Gottes und Seiner Engel zu erheben. So laßt uns im Geist den Tempel des Gebetes betreten und gemeinsam mit allen Menschen guten Willens zu unserem VATER-MUTTER-GOTT beten: «Gütiger Gott, wir bitten, daß wir mit Deiner Liebe in Einklang kommen. In Demut danken wir für alle Segnungen des Lebens. Wir bitten Dich, daß Dein Sohn Christus Sein Licht über die ganze Erde ausstrahle, damit es überall in demütige Herzen dringe. Amen.»

Das sollte das Gebet eines jeden Suchenden sein, denn nur wenn die Seele wahrhaft demütig ist, wird sie für die Liebe und Führung der unsichtbaren Brüder und himmlischen Boten empfänglich, welche auf Gottes Geheiß warten, um zu euch und allen Menschen zu kommen.

Der Schlüssel zu den Toren der himmlischen Geheimnisse liegt nicht in des Menschen Verstand, sondern in seinem Herzen. Die Wahrheit ist einfach, doch gerade weil sie so einfach ist, verbirgt sie sich vor dem allmächtigen Intellekt und vor jenen, die mit Worten spielen. Dem liebenden Herzen aber enthüllt sie sich.

Mißversteht uns nicht. Wir meinen nicht, daß gebildete Menschen keine solchen Wahrheiten, keine

33

Führung und Inspiration erhalten könnten. Wir meinen lediglich jene, welche intellektuell arrogant sind, jene Leute, die von ihrer eigenen Arroganz geblendet werden. Ihnen stehen noch Erfahrungen von Freude und Leid bevor (eines ist das Spiegelbild des anderen), durch welche sie Demut erlernen. Der Mensch muß vielleicht viele male diese Erfahrungen machen, bevor er wirklich versteht, was es heißt, demütig zu sein.

Der größte Geist ist immer auch der demütigste. Das werdet ihr bei allen älteren und weisen Brüdern finden. Demut ist tatsächlich die wichtigste Tugend, wenn die Seele Gott erfahren und verstehen will. Durch ihre Erfahrungen von Leid und Freude wird die Seele in ihrer Schwingung erhöht und fähig, die Wahrheit zu erkennen. Das heißt nichts anderes, als daß sie ihre Beziehung zum Schöpfer erkennt.

Ihr lebt in einer Zeitepoche, meine Freunde, in welcher des Menschen geistige Entfaltung beschleunigt wird. Die Leiden zweier Weltkriege haben diese Entwicklung vorangetrieben. Als Folge hiervon sucht der Mensch mit Hilfe des Verstandes und durch wissenschaftliche Entwicklung nach Wahrheit.

Seid euch stets bewußt, daß es sehr unterschiedliche Bewußtseinsgrade gibt. Nicht alle Menschen sind auf derselben Stufe. Wenn ihr Ausschau haltet in der Welt, nur schon unter euren Freunden und Bekannten, findet ihr das, was ihr, oberflächlich betrachtet, große Ungerechtigkeiten nennen würdet. Einige scheinen mit Glück und Freude, sowohl materieller als auch geistiger Art, gesegnet zu sein, während andere hiervon ausgeschlossen sind, obwohl sie scheinbar ebenfalls ein Recht darauf hätten. So ist der Mensch gezwungen, die Tatsache hinzunehmen, daß – zumindest an der Oberfläche – Ungerechtigkeiten und Ungleichheiten existieren. Auf die Frage, warum diese scheinbaren Ungerechtigkeiten und Ungleichheiten vorhanden sind, gibt es doch wohl nur eine Antwort. Die Menschen befinden sich an den verschiedensten Stationen einer langen Reise, einer Reise, welche die wiederholte Rückkehr zu irdischen Umweltbedingungen notwendig macht, weil die Seele nur lernen kann, indem sie die Einschränkungen des physischen Lebens erfährt.

Wir sind weder die erste noch die einzige Stimme, welche diese Wahrheit verkündet. Im Studium vergleichender Religionswissenschaften stößt man immer wieder darauf. Der Mensch kehrt zu jenen irdischen Umweltbedingungen zurück, *die er sich früher einmal selber schuf.*

Sogleich tauchen Fragen wie diese auf: «Warum sollte ich zu einem solchen Leben zurückkehren? Warum kann ich mich nicht an mein früheres Leben erinnern? Warum muß ich leiden, ohne zu wissen warum? Wie kommt es, daß ich schwach bin, unfähig, mich und mein Leben besser in die Hand zu bekommen? Wie kommt es, daß mein Nachbar stark ist und alle diese Dinge tun kann, die ich tun möchte und nicht kann?»

Dies sind Fragen, welche im niederen Verstand auftauchen, sobald der Engel kommt, um die Seele zu belehren und sie zur geistigen Wahrheit zu erwecken. Später werden wir euch von den Besuchern aus höheren Welten und der Tätigkeit der Engel erzählen. Vorerst müssen wir den Boden bereiten und möchten euch hierzu an das uralte Gesetz der Wiederverkörperung oder Reinkarnation erinnern. Viele Menschen sind heutzutage so «erwacht», daß sie intuitiv wissen, früher schon einmal auf Erden gewesen zu sein. Sie akzeptieren die Tatsache, daß sie *verdient* haben, was immer sie jetzt an Problemen und Einschränkungen erleben, sowohl in den äußeren Umständen als auch in ihrem eigenen Charakter.

Das Erwachen des sechsten Sinnes, der Intuition oder des inneren Lichtes, das euch zu ganz gewissem Verhalten und zu ganz gewissen Gedankengängen führt, ist ein großer Fortschritt.

*

Geduld ist vor allem notwendig auf dieser langen Entwicklungsreise. Ihr könnt nicht über Hindernisse hinwegspringen. In den alten Mysterienschulen lehrte man, der Schüler solle nicht versuchen vorwärts zu stürmen. Das niedere Selbst ist es, das vorwärts stürmen möchte und rasch ans Ziel gelangen will. Sobald man erwachend den geistigen Pfad betritt, will man mehr und mehr wissen. Der Verstand wird gierig nach Erkenntnissen. Dem aber muß Einhalt geboten werden. Selbstdisziplin, Ruhe und Gelassenheit sind von allergrößter Wichtigkeit. Nur in ruhigem Gemütszustand ist die Seele für den Einfluß der Engel empfänglich. Oft, sehr oft, nähert sich der Schutzengel der Seele, doch wenn diese allzu sehr mit sich selber und der Welt beschäftigt ist, kann sie die Führung nicht erkennen.

Gar vieles muß der Mensch überwinden. Wer auf dem geistigen Pfad vorwärts schreitet, verfeinert sein Empfindungsvermögen, seine Sensitivität. Das Nervensystem wird hoch empfindsam. Es ist, als gehe man auf eines Messers Schneide, denn einerseits muß man die Sensitivität entwickeln, die einen befähigt, Führung, Trost und Hilfe im täglichen Leben von der Engelwelt zu empfangen, und anderseits muß man die innere Kraft fördern, welche Ruhe und Gelassenheit bringt. Die innere Kraft oder die Kraft Gottes ist Liebe. Eine Seele, die wahre Liebe entwickelt hat, wird weise. Eine Seele, die Ruhe entwickelt, erlangt göttlichen Frieden. Wenn eine solche Seele jenen Grad der Stille erreichen kann, der Demut bringt, dann werden ihre Augen geöffnet und sie versteht vieles, was jenseits der Grenzen des physischen Verstandes liegt.

※

Der Mensch, der die geistige Wahrheit und das göttliche Gesetz verstehen möchte, muß dem inneren Licht, der Stimme Gottes folgen. Doch er soll ihr nicht nur folgen, sondern auch vertrauen. Sogar wenn ihn manchmal seine Erfahrungen beunruhigen, muß er am Glauben festhalten. Der Mensch soll der Stimme Gottes in sich Glauben und Gehorsam entgegenbringen. Er braucht den Glauben an die Führung des göttlichen Lichtes, das durch ihn wirkt. Wenn er einmal so weit ist, zweifelt er nicht länger an der Weisheit der göttlichen Gesetze, sondern beugt sich der Liebe Gottes, er bejaht sein Schicksal und nimmt es mutig an.

Im Gegensatz hierzu wird der irdische Verstand aufbegehren und räsonieren: «Sicherlich muß ich nichts annehmen, das gegen die Vernunft wäre, die mir Gott, so es einen Gott gibt, gegeben hat». Wie wahr! Wie wahr! Geistiges Licht kann stets ehrlichem, vernünftigem Denken standhalten. Wenn das Licht in des Menschen Herz zu leuchten beginnt, wenn der Mensch durch seine eigenen Erfahrungen nahe an das Herz Gottes oder an das Herz des Meisters herangekommen ist, sieht und weiß er. Dann braucht er weder Bücher noch benötigt er jemanden, der durch einen Mittler zu ihm spricht. Seine eigenen Erfahrungen in der Meditation, Kontemplation oder im Gebet vermitteln ihm etwas, das gar nicht beschrieben werden kann. In dieser seiner Erfahrung, in diesem Gespräch, diesem Einssein mit Gott seinem Schöpfer, erfährt er die Wahrheit.

Wenn ihr euch auf eine Reise in ein fernes Land begebt, bemüht ihr euch normalerweise, so viel wie möglich über dieses Land in Erfahrung zu bringen. Wahrscheinlich kauft ihr Landkarten und Bücher, die euch das Land und wie man dorthin gelangt, beschreiben. Mehr können diese Hilfsmittel nicht tun. Sie können weder den notwendigen Transport zur Verfügung stellen, noch können sie für euch die Reise unternehmen. Das müßt ihr selber tun. Ihr müßt die Erfahrung selbst machen. Dadurch lernt ihr viel mehr, als euch Landkarten und Bücher vermitteln können.

Seid ihr einmal geistig erwacht und wißt, daß ihr auf eurer Reise weit gewandert seid und noch viel weiter zu gehen habt, dann werdet ihr die ganze Schönheit, die um euch ist, in euch aufnehmen. Ihr könnt euch sowohl eures physischen Daseins erfreuen, als auch die göttlichen Lebenskräfte in vollerem Bewußtsein einatmen. Ihr sollt jede Einzelheit des Lebens bewußt erfahren und zwar mit all euren Sinnen, den physischen, den mentalen und den geistigen.

Eines der besten Hilfsmittel, dessen sich der Mensch auf seiner Gottsuche bedienen kann – und diese Gottsuche ist der Sinn des Lebens – ist die Meditation. Bücher allein und Vorträge werden euch nicht viel helfen, obschon sie den Weg weisen können. Ihr müßt die Reise selber tun. Ihr müßt jenen Zustand höheren Bewußtseins, die Wirklichkeit der inneren Welten, in der Meditation selber erleben. In eurem ersten Kontakt mit dem universellen Leben durch die Meditation ereignet sich etwas, das sich zuvor noch nie ereignet hat.

Viele von euch wurden in ihren frühesten Meditationserfahrungen enttäuscht und ihr dachtet, ihr kämt zu keinem Ziel. Ihr saht nichts, ihr hörtet nichts. Es schien, als säßet ihr im Dunkeln – doch nicht ganz, denn gelegentlich war es so, als hättet ihr eine Farbe gesehen, oder als hättet ihr euch eingebildet, eine zu sehen, oder sonst etwas, dem ihr nicht ganz trauen wolltet. Ihr dachtet wohl, das sei kaum echt, das sei Einbildung. Das «Gewahrwerden» der geistigen Wahrheit ist eine Gabe Gottes für die Menschen. Diese Gabe muß geduldig gesucht und erworben werden. Wäre es *leicht*, jene Stufe unbeschreiblicher Freude zu erreichen, wäre die ganze Menschheit längst schon dort.

Einmal sagte jemand zu uns zum Spaß: «Der Himmel muß schrecklich übervölkert sein, da dort so viele Leute leben. Wir werden uns kaum bewegen können, wenn wir in den Himmel kommen!» Diese Ansicht stimmt natürlich nicht. Das Leben nach dem Tode, des Menschen Begegnung mit Gott oder sein Verhältnis zu IHM, hängt einzig und allein vom Bewußtsein seiner Seele ab. Der Mensch kann ganz allein mit Gott sein. Denkt darüber nach – ihr und euer Gott – allein!

Wir sagen euch dies, weil heute so viele Menschen nach der Wahrheit suchen. Sie wollen wissen, ob es überhaupt einen Gott gibt, und ob jenseits dieser sorgenreichen Erde auch noch irgendwelches Leben existiert. Wir bemühen uns, der Menschheit die ganz einfache Wahrheit zu vermitteln und den Weg zu Gott aufzuzeigen. Den Weg allerdings müßt ihr selber gehen. Das heißt, ihr müßt euch nicht nur mit wöchentlichen oder besser täglichen Meditationen begnügen, sondern euch auch im täglichen Leben anstrengen. Das ist nicht leicht. Wir wissen das und kennen alle Probleme des physischen Lebens, denn wir selber haben sie durchlebt. Vielleicht ist gerade das der Grund, warum ein nicht-inkarniertes Wesen so zu euch sprechen darf.

✻

Wir haben zu euch von der Tätigkeit der Engel und wie ihr euer Bewußtsein am besten erweitern könnt, um ihre Führung zu erkennen, gesprochen. Engel sind Besucher aus himmlischen Sphären, Boten Gottes, die den Menschen in ihren geistigen Erfahrungen behilflich sind. Schwerwiegende, wichtige Ereignisse in des Menschen Leben werden stets von Engeln überwacht.

Wir erwähnten vorhin, daß wir die Erlaubnis hätten, zu euch durch einen anderen physischen Körper zu sprechen, da wir selber in einem physischen Leib gewohnt haben und uns daran erinnern können. Wir erinnern uns an die Leiden, die Schwierigkeiten und Ängste von damals, und sind somit in der Lage, euch zu helfen.

Schutzengel hingegen sind himmlische Besucher, die nicht auf derselben Stufe noch auf die gleiche Art und Weise wie wir Menschenwesen wirken, obwohl sie mit euch in engen Kontakt kommen.

Einige von euch haben merkwürdige Erlebnisse gehabt. «Ganz zufällig ging ich dorthin», sagt einer. «Zufällig ist mir dieses Buch in die Hand gekommen», meint ein anderer. «Zufällig sprach jemand zu mir», sagt ein dritter. Solche ganz einfachen «Zufälle» bringen oft eine enorme Veränderung in euer Leben. Sie kommen aber nicht zufällig, sondern durch die Führung eures Schutzengels zustande. Jeder von euch hat nicht nur einen menschlichen Kameraden oder Führer in der unsichtbaren Welt, sondern auch einen Schutzengel aus den himmlischen Sphären, der euch in seiner Obhut hat.

Natürlich wurde dem Menschen der freie Wille gegeben. Jedesmal, wenn er einem höheren, einem geistigen, einem guten Impuls Folge leistet, erhält er Hilfe von seinem Schutzengel. Keine einzige Anstrengung, die Höhen zu erreichen, einem guten Impuls zu folgen, ist verschwendet. Doch je nach dem Grad der Intensität, mit welcher die Seele auf die himmlischen Einflüsse reagiert und dadurch auf seinem Entwicklungspfad vorwärts kommt, wird sie weniger oder mehr mit menschlichen Problemen geplagt. Die Beziehungen zum Mitmenschen machen ihr zu schaffen. Sie wird sich leiten lassen, entweder von den höheren, geistigen Impulsen, oder von den Instinkten des niederen Selbst. Das reine Licht des Himmels kann ihr helfen, liebenswürdig, tolerant, geduldig und gläubig zu sein – alles Eigenschaften, die die Seele braucht, um zur gegebenen Zeit vollkommen zu werden. Es muß aber ihre eigene Entscheidung, ihr freier Wille sein.

Wir möchten, daß ihr diese beiden Aspekte richtig erkennt. Auf der einen Seite himmlische Führung und Hilfe, auf der anderen Seite menschliche Führung und Hilfe. Es liegt bei euch, anzunehmen oder zurückzuweisen. Der Schutzengel hilft der Seele, *wenn sie es wünscht*.

Hinzufügen möchten wir, daß der Schutzengel immer bei der Geburt einer Seele dabei ist, ebenso die Gestalt der Göttlichen Mutter, respektive ihr Einfluß, wenn ihr dieses Wort vorzieht. Der Schutzengel betreut die inkarnierende Seele, und die Liebe der Göttlichen Mutter hilft bei der physischen Geburt.

Wenn ihr Musik hört, wißt ihr vielleicht gar nicht, wie schöpferisch sie wirkt. Ihr liebt Harmonie und freut euch an Ton und Rhythmus. Musik beeinflußt euer Wesen, doch nur wenige wissen um diesen Einfluß. Wenn ihr Musik hört, fühlen sich die Engel zu euch hingezogen, Engel, die mit der Menschheitsentwicklung zu tun haben. Auch wenn ein Ritual genau ausgeführt wird, werden Engel herbeigerufen und eine gewaltige Macht wird durch sie ausgelöst. Sie werden gerufen und bringen eine himmlische Kraft mit sich. Wir sprechen natürlich von reinem, «weißem» Ritual.

Bei einer Trauung z. B., bei der echtes geistiges Streben mitschwingt und wahres geistiges Ritual ausgeübt wird, was sowohl in der Seele als auch im Äußeren geschieht, sind Engel dabei.

Eines Tages kommt der Augenblick, da der Mensch – wie ihr es nennt – stirbt. Natürlich stirbt der Mensch nicht. Geist und Seele, die den Leib bewohnten, ziehen sich zurück und verlassen den Körper durch das Haupt. Wie eine leere Hülle bleibt der Leib zurück und die auferstandene Seele wird in der Himmelswelt empfangen.

Bei jedem Tod, wie er sich auch ereignen mag, ist der Todesengel anwesend. Die Seele wird von diesem Engel aufgefangen und sanft in die Welt des Lichtes getragen. Normalerweise hat dann die Seele die Gestalt eines kleinen Kindes, denn der Übergang von der irdischen in die himmlische Welt ist derselbe wie bei der Geburt eines Menschenkindes auf die irdische Ebene. Die kleine Gestalt baut sich über der verlassenen Hülle auf und wird von der

Liebe des Todesengels eingebettet, in des Engels Gewand gehüllt und in die neue Heimat getragen, wo andere Engel warten, um sie zu betreuen und allmählich in einen neuen Zustand des Bewußtseins zu bringen, der sie ihre neue Umgebung gewahr werden läßt.

Alles Leben liegt in Gottes Liebe, und Vorkehrungen sind getroffen für alle wichtigen Ereignisse im Leben des Menschen. Denkt an den großen göttlichen Geist als den Einen, der euch immer liebt und seid euch bewußt, daß Gott, euer VATER-MUTTER-GOTT, euch nie, nie im Stich läßt. ER hält euch nah an Seinem Herzen. Seine Engelhelfer stehen euch zur Seite. Fragt und sucht – und ihr erhaltet geistigen und physischen Segen in vollem Maß. Das ist das göttliche Gesetz.

Wir überlassen euch dem Geist der Stille, dem Geist des inneren Friedens und dem Gefühl tiefer Dankbarkeit, daß Gott *ist,* und daß ihr Seiner Liebe sicher sein könnt. Hat ER euch nicht in die Obhut Seiner Engel gegeben, damit sie über euch und alle eure Wege wachen?

*

V

BESUCHER VON DER VENUS

Wir kommen in Liebe und bringen euch Frieden.
Mögen unsere Worte euch zum Nachdenken anregen und mögen wir fähig sein, den geistigen Fun-
ken in euren Herzen zu entfachen.

Die gesamte Menschheit gehört Gott. Einige Seiner Kinder sind sehr jung, andere sind älter, doch
in allen Menschen sehen wir ein Licht, das wie ein
Juwel im Herzen leuchtet. Sogar in dem, der am
wenigsten entwickelt ist, sehen wir den potentiellen
Christusmenschen.

In diesem Kapitel soll vom Planeten Venus und
vom dortigen Leben, wie wir es kennen, die Rede
sein. Gleichzeitig aber machen wir euch darauf auf-
merksam, daß ihr kaum alles was wir euch sagen
werden, so ohne weiteres annehmen könnt. Ist es
wahr, fragt ihr, daß Menschen auf der Venus
leben? Einige Wissenschaftler meinen, daß nur die
Erde bewohnt sei. Wir jedoch möchten euch sagen,
daß die leuchtenden Sterne eures Sonnensystems in
jeder Beziehung fortgeschrittener sind als die Erde,
welche der dunkelste aller Planeten ist. Es sind die
Bewohner eines Planeten, die dazu beitragen, ihren
Stern heller und schöner leuchten zu lassen.

Mit der Entwicklung der Erdenmenschheit wird
die Substanz eures Planeten heller und reiner.
Wenn auf Erden ein Kind geboren wird, ist es hilf-

los. Genauso ist es mit dem menschlichen Geist, wenn er sich, vom Herzen des Schöpfers erschaffen, in Materie einkleidet und nicht ahnt, welche Möglichkeiten er besitzt. Sinn und Zweck der Inkarnationen ist die allmähliche Entwicklung des Geistes, sein Erwachen in der Materie, das Bewußtwerden des Selbst bis hin zum Gottbewußtsein. Der Geist selbst ist rein. Geist ist der vollkommene Same aus dem Herzen Gottes. Doch der Zweck des menschlichen Erdenlebens ist, allmählich die Macht des Geistes in sich zu entwickeln.

Am Anfang brauchte der Mensch in seinem hilflosen Zustand Führer und Lehrer. In Tat und Wahrheit braucht er sie immer noch. In jenen weit zurückliegenden Tagen hatte er Führer und Lehrer aus anderen Welten, hauptsächlich von der Venus, die ihm Kenntnis über die geistigen Gesetze, die das Leben auf der Erde regulieren, vermittelten. Einige der damaligen Menschen befolgten die Lehren jener göttlichen Boten, doch andere begannen, sobald sie sich ihrer Macht bewußt wurden, ihre Mitmenschen zu dominieren. Dieser Vorgang verursachte allmählich Leid, Zerstörung und Katastrophen. Trotzdem kam die liebevolle, segensreiche göttliche Macht der Menschheit zuhilfe und nahm jene, welche die geistigen Gesetze befolgten, in ihren Schutz. So waren sie behütet und geschützt, und nur jene, welche mutwillig dem Licht den Rücken kehrten, mußten den Pfad des Leides gehen.

Ihr könnt die immensen Zeiträume dieser Entwicklungsprozesse nicht ermessen, noch das langsame Wachstum der Erde und ihrer Menschheit.

Wenn wir von Millionen von Jahren reden, sagt euch das nichts. Der Ewigkeitsbegriff liegt jenseits des begrenzten Verstandes. Trotzdem ist es von Interesse, in die Vergangenheit zu blicken, um einen Eindruck von der Menschheitsentwicklung zu erhaschen, auch wenn es außerhalb eurer Fähigkeit liegt, das Bild als Ganzes zu sehen.

Hat die Menschenseele eine gewisse Stufe geistiger Entwicklung erreicht, ist es ihr möglich, die Venus aufzusuchen. Das geschieht gar nicht so selten von der jenseitigen Ebene aus. Wenn die Seele das reine, geistige Bewußtsein erlangt hat, scheint sie für eine Zeit lang den Kontakt mit der Erde gänzlich zu verlieren. Möglicherweise reist sie dann zu anderen Welten und auf andere Planeten, hauptsächlich zur Venus, wo sie Freunde trifft, wie auch Kameraden, die sie auf Erden gekannt hatte. Vielleicht lebt sie dort für eine Zeitlang in vollkommenem Glück. Dennoch löst sie sich nicht ganz von der Erde. Viele der erleuchteten Weißen Brüder besuchen auf der Erde Gruppen, die sich um die Weiterentwicklung der Menschheit bemühen. Wenn ihr meinen solltet, dies sei nur Phantasie, dann bedenkt, daß es noch vor wenigen Jahrzehnten als unmöglich galt, rund um die Erde miteinander zu sprechen. Ebenso hätte man es als lächerlichen Unsinn abgetan, wenn man von Bildern berichtet hätte, die von einer Seite der Erde zur anderen übermittelt werden könnten, wie dies heute beim Fernsehen geschieht.

So wenn ihr versucht seid zu fragen: «Woher weißt du, daß Menschen zur Venus gehen? Erzähle uns doch keine Märchen!» Dann antworten wir euch, seid tolerant und denkt daran, was sich während der letzten 50 Jahre auf eurer Erde alles ereignet hat. Und seid weniger skeptisch, wenn wir euch sagen, daß ihr Erdenmenschen mit den Menschen der Venus in viel engerem Kontakt steht als ihr ahnt.

⁎

Wir kommen jetzt zu dem etwas heiklen Thema der Dualseele. Viele meinen, daß es so etwas gar nicht gebe, andere glauben, daß jeder Mensch eine Zwillings-Seele habe, und daß beide Teile eines Tages zusammen kommen werden. Wir wollen hier sogleich anfügen, daß ihr eure Dualseele nicht auf der irdischen Ebene suchen sollt, und daß ihr euch nicht eurer karmischen Verantwortung dem derzeitigen Partner gegenüber entziehen dürft, nur weil ihr meint, jemanden gefunden zu haben, von dem ihr glaubt, er oder sie sei die Dualseele. Als generelles Prinzip müßt ihr wissen, daß ihr in eurem Leben in eine ganz bestimmte Situation mit karmischer Verantwortung und somit auch mit neuen Entwicklungsmöglichkeiten hineingestellt worden seid. Der ganze Sinn eures Daseins ist, daß ihr geistig wachsen sollt. Um geistig wachsen zu können, müßt ihr die Verantwortungen übernehmen und die karmische Schuld eurem Lebensgefährten gegenüber begleichen.

Es stimmt, daß es zwei Aspekte für die vollkommene Seele gibt – einen weiblichen und einen männlichen Aspekt. Zur Förderung der geistigen

48

Entwicklung trennen sich diese beiden Gegensätze, um im Erdenleben getrennt Erfahrungen zu sammeln. Allmählich und nachdem sie das Recht auf dieses Glück errungen haben, dürfen sie sich begegnen. Sie kommen zumeist, doch nicht immer, nach dem Tode zusammen. Manchmal, wenn es die Umstände erlauben und wenn die beiden Seelen einen gewissen Grad von Geistigkeit erreicht haben, leben sie in der geistigen Welt für eine Zeitlang miteinander in vollkommenem Glück.

Ihr stellt euch das geistige Leben als das Leben nach dem Tod vor. Doch ihr lebt *immer* in einer Welt des Geistes, auch jetzt lebt ihr in einer Welt des Geistes, doch ihr wißt es nicht. Ihr seid wie Blinde in einem wunderschönen Land. Ihr lebt in diesem schönen Land, doch nur wenige von euch erhaschen einen Blick von seiner Schönheit. Diejenigen, welche einen solchen Blick erhaschen, lernen, wie man sich aus der Dunkelheit befreit. In Momenten wahrer, reiner Meditation taucht ihr in die Welt des Geistes. Wenn ihr dann endlich den Körper verlassen dürft, das Kleid ablegt, geht die Entwicklung in der Seelenwelt weiter. Es ist eine neue Welt, und oft ist es der Planet Venus. Ist es unnatürlich, dass sich Dualseelen zur Venus hingezogen fühlen? Es ist der Planet vollkommener Liebe, nicht physischer Leidenschaften, sondern reiner Liebe, vollkommener Kameradschaft und vollkommener Harmonie. Hier werden sie EINS, können sich aber in gegenseitigem Einverständnis wieder trennen, wenn es notwendig wird. In Wirklichkeit allerdings, wenn die Vereinigung in vollem

Bewußtsein einmal stattgefunden hat, wird es nie wieder eine Trennung geben. In vollkommener Liebe gibt es keine Trennung.

Der Sinn des Lebens ist das Wachstum dieses Bewußtseins. Solange ihr euch in dieser Welt eures Selbst nicht bewußt geworden seid, lebt ihr nicht wirklich. Solange ihr euch nicht des *Gottes in euch* bewußt geworden seid, könnt ihr die Ewigkeit, das ewige Jetzt, nicht verstehen.

*

Der Planet Venus besteht aus feinerem Stoff als die Erde. Die Erde ist dunkel und dicht. Die Venus besteht aus viel leichterer Substanz, so auch die Körper jener, die auf der Venus leben. Die Venusier besitzen wissenschaftliche Kenntnisse geistiger Art, die den Planeten Erde noch nicht erreicht haben. Wenn der Erdenmensch ein wahrhaft geistiges Wesen geworden ist, wird auch er die Geheimnisse der Geisteswissenschaften entdecken. Die Venusier leben in brüderlicher Gemeinschaft, sie verehren Gott und die Sonne.

Wir sagen euch in allem Ernst, daß viele der Erleuchteten in alten Zeiten von der Venus zur Erde gekommen sind, in menschenähnlicher Gestalt, um nicht allzu fremd zu erscheinen. Eines Tages werden sie in Venuskörpern kommen und werden, wie ehedem, eine große geistige Kraft mit sich bringen. Sie werden Kenntnisse vermitteln, welche von den fortgeschritteneren Erdenmenschen gehört und verstanden werden, während die große Masse hiervon unberührt und unbeeinflußt bleibt. Diese fortgeschrittenen Gruppen werden bereit sein, ihre Brüder von anderen Planeten zu empfangen.

Jeder Bereich der Lebensgemeinschaft auf der Venus bringt Liebe, Harmonie und Brüderlichkeit zum Ausdruck. Es gibt dort wundervolle Lehrmethoden. Höhere Grade geistiger Wissenschaften werden gelehrt. Die Menschen leben in Gemeinschaften und Gruppen, es gibt keine Trennung. Es gibt auch nicht verschiedene Nationen, die alle um die Vorherrschaft kämpfen. Die vollkommene Bruderschaft allen Lebens ist erreicht worden. Ihr würdet diese vollkommene Lebensgemeinschaft eine Utopie nennen.

Wenn Wesen von einer höheren geistigen Stufe auf eine tiefere Stufe heruntersteigen, unterziehen sie sich einer «Kraftfeldveränderung», einer Angleichung oder einer Schwingungsreduktion, damit sie sich den Mitgliedern einer tiefer stehenden Gemeinschaft verständlich machen können. Wenn in der Seelenwelt ein Besuch von einer höheren Stufe auf eine niedrigere unternommen wird, müssen sich die Wesen der höheren Stufe in eine Art Mantel hüllen, damit die Wesen der niederen Stufe in nicht allzu große Verwirrung geraten oder gar einen Schock erleiden. Dasselbe tun die Meister und die Besucher aus dem Weltraum. Sie müssen ihre Schwingung senken und sich anpassen, wenn sie sich der Erde nähern, denn es wäre den normalen Erdenbürgern unmöglich, ihre hohe Schwingung zu ertragen.

Wir schlagen euch vor, daß ihr über unsere

Worte nachdenkt, denn wenn ihr über Dinge, die gut, wahr und schön sind, nachdenkt, werdet ihr finden, daß ihr allmählich von den Fesseln und Begrenzungen des vordergründigen Denkens befreit werdet. Ihr braucht keine Angst zu haben, getäuscht zu werden. Bei Gott gibt es keine Täuschung. Wer Kenntnisse über *Gottes* Universum sucht, wird nicht in die Irre geführt.

Momentan lebt ihr wie in einem kleinen, geschlossenen Kasten. Wenn ihr die Wände dieses Kastens aufbrechen könntet, würdet ihr in eine Welt unendlicher Schönheit eintreten.

Versucht zu begreifen, daß ihr nicht Gottes *einzige* Geschöpfe seid. Das Universum enthält viele Welten jenseits eurer Vorstellungskraft. So weise und voller Liebe ist euer Schöpfer, daß ER einen Schlüssel in euer Herz legte, der die Türe zu den himmlischen Geheimnissen aufschließen kann. Euer Herz ist das Zentrum der Liebe. Diese Liebe macht es möglich, euch nicht nur von euren Ketten zu befreien, sondern auch wahre Freunde in Welten des Lichtes fern dieser Erde zu finden.

Leben ist Geist. Alle Wesen auf anderen Planeten sind Geist, wie auch du Geist bist. Jeglicher Geist ist in jene Materie gekleidet, die mit dem Planeten, auf dem er lebt, harmonisiert. Die Substanz der Venus ist venusisch und kleidet die Körper der Venusier. Die Substanz eures Planeten ist Erde und kleidet die Seelen, die auf der Erde leben, in physische Materie.

*

VI

DIE HARMONIE DER SPHÄREN

Wir grüßen euch in großer Liebe. Es ist nicht
leicht, die richtigen Worte zu finden, um unsere
Botschaft verständlich zu machen. Deshalb versuchen wir, euch unsere Gedanken und Ideen, für die
wir nicht die passenden Worte finden können, mit
Hilfe von Bildern zu vermitteln.

Von Zeit zu Zeit betonen wir die Notwendigkeit
der Harmonie. Mit «in Harmonie leben» meinen
wir nicht, daß man Dinge, die in Ordnung gebracht
werden sollten, unbeachtet läßt. Wir meinen vielmehr, daß ihr euch trainieren sollt, alles was euch
notwendig erscheint, auf harmonische Weise zu tun.
Wie oft haben wir euch gesagt, «wirkt ständig für
Harmonie», nicht nur, weil ein harmonisches Leben
so viel leichter und glücklicher sein kann, sondern
weil Harmonie der Grundton des Universums ist.

Ihr betrachtet das Leben aus eurer irdischen
Sicht und seht nichts als Chaos. Ihr sagt: «Was ist
doch das Leben für ein Durcheinander! In welch
schrecklichem Zustand ist die Welt!» Und doch arbeitet das göttliche Gesetz ausschließlich zum
Guten und bringt Schönheit und Harmonie auch
auf der niedrigsten Ebene der physischen Materie
zum Ausdruck. Wenn auch das materielle Leben
chaotisch erscheint, ist es dennoch in dauernder
Höherentwicklung begriffen. Wenn ihr irgend

einen Arbeitsprozeß betrachtet, könnt ihr beobachten, daß er zuerst eine chaotische Periode durchläuft. Wenn zum Beispiel ein Gebäude erstellt wird, erscheint vorerst nur ein Durcheinander. Oder wenn ein Maler ein Gemälde beginnt, sieht man am Anfang auf seiner Leinwand ein verblüffendes Gemisch von Farben und unvollendeten Formen. Oder ihr seht die korrigierten Blätter eines Manuskriptes, die euch chaotisch vorkommen, aber später ein Buch werden.

So scheint es, daß im Laufe geistiger und materieller Entwicklung Chaos herrscht und diejenigen, die es nicht besser wissen, glauben, die Menschen seien schlecht und in der Welt sei so viel Böses.

Wir möchten euch eine Vision zeigen, nicht von Chaos und Bosheit, sondern die Vision einer unendlichen Kraft, die in vollkommener Harmonie und Ordnung von der Höhe zur Tiefe, vom Himmel bis zur Erde und durch die ganze Menschheit wirkt. Wir wollen euch auf allen Lebensstufen Entwicklungsmöglichkeiten aufzeigen, welche Finsternis in Licht verwandeln. Licht erschafft Leben. Auch in der allerniedrigsten Form des Lebens arbeitet das Licht mitten in der Dunkelheit. Das göttliche Gesetz wirkt auf das Schlechte ein, das Positive wirkt in einem Entwicklungsprozeß auf das Negative, so daß allmählich der vollkommene, gottbewußte Mensch daraus hervorgeht.

Von der Weißen Bruderschaft kommen immer wieder Botschaften zu euch, deren Quintessenz in den folgenden vier Worten «Der vollkommen gewordene Mensch» zusammengefaßt werden könnte.

Diese vier Worte drücken die ganze Wahrheit aus. Das Licht kommt vom Himmel und wirkt in der Finsternis. Es arbeitet an der Finsternis, d. h. am Bösen, und erschafft allmählich, aufgrund eines vollendeten Gesetzes und in perfekter Präzision, die vollkommene Gestalt, die vollkommene Seele, die vollkommene Manifestation des Gottessohnes.

«Am Anfang war das Wort und das Wort war bei Gott und das WORT war Gott.» Am Anfang war Licht. Alle Dinge wurden aus *Licht* gestaltet. Gäbe es kein Licht auf der Erde, sondern nur Finsternis, gäbe es auch kein Leben. Das Licht wird manchmal auch SOHN GOTTES genannt. Der SOHN ist gleichbedeutend mit der «Geistigen Sonne». Geistiges Sonnenlicht existiert in der Sonne und strahlt aus ihr heraus. So wie die physischen Sonnenstrahlen unaufhörlich auf die Erde fallen, Licht und Leben spenden und Harmonie in der Natur und ihren Sphären verbreiten, so spendet die geistige Sonne der menschlichen Seele Licht und Leben.

*

Nun möchten wir, so gut wir können, euch einen Einblick in die Bedeutung der «Großen Weißen Loge» und deren Meister vermitteln. Wir wollen euren Horizont erweitern, um euch bei der Entwicklung eurer seelischen und geistigen Talente behilflich zu sein. Denkt an die erste Ursache allen Lebens, an die Sonne, und versucht, euch die sieben Strahlen in den sieben Farben des Spektrums, die von der Sonne ausgehen, vorzustellen. Dann seht, wie diese Strahlen alles Leben durchdringen. Jeder Strahl ist sowohl mit der Sonne als auch mit einem der sieben Planeten verbunden, und alle wirken im Menschen für die Entfaltung, das Wachstum und die allmähliche Vervollkommnung seiner individuellen Seele. Indem ihr an die großen Meister denkt, versucht, jenseits der Grenzen menschlicher Persönlichkeit zu gelangen, zu den großen Wesen, die an der Spitze eines jeden dieser Strahlen stehen und des Menschen Kenntnisse und Entfaltung fördern. Dann erweitert dieses Bild und seid euch bewußt, daß noch andere Sonnensysteme und andere Universen existieren, die aber alle miteinander zusammenhängen und Teile des Ganzen sind.

Wenn ihr meditiert, könnt ihr vielleicht selber die Substanz sehen, aus welcher die Gebäude der Astralwelt erbaut sind. Sie erscheint als pulsierendes Licht. Wenn ihr solche Gebäude betretet, gewinnt ihr den Eindruck von strahlendem Licht. Doch dieses Licht schmerzt niemals eure Augen, denn ihr paßt euch ihm an, und es paßt sich euch an. Ihr seht und registriert nur das, was ihr fähig seid zu sehen und zu registrieren, mehr nicht.

Die feinstoffliche Materie der Gebäude ist immer farbig. Ein hochentwickelter sensitiver Mensch wird wundervolle Farben wahrnehmen, die alle aus den sieben Grundfarben und den sieben Strahlen stammen, welche die Elohim, die großen stillen Wächter, verwenden.

Der inkarnierte Mensch ist dauernd planetarischen Einflüssen ausgesetzt, welche durch die

Chakras auf sein Leben einwirken. (Die Chakras oder Seelenzentren sind sensitive Stellen im Ätherleib, welche mit dem Nervensystem in Verbindung stehen und mit den endokrinen Drüsen des physischen Körpers korrespondieren. Durch die Chakras wird die Verbindung mit höheren Sphären des Bewußtseins hergestellt.) Jedes Chakra steht in Verbindung mit einem der Planeten und mit der Farbe, die mit diesem Planeten korrespondiert. Beim geistigen Heilen wird die Gruppe der Heiler inspiriert, gewisse farbige Strahlen mental anzuwenden, um Harmonie in den erkrankten Körper zu bringen und das Fehlende zu ergänzen. Ihr alle benötigt Heilung in der einen oder anderen Form, denn noch ist keiner vollkommen. Für euch sind die physischen Symptome die ersten Anzeichen einer Krankheit. Es ist aber die Schwingung, die Harmonie des Individuums, welche zuerst in Unordnung gerät. Das ist die eigentliche Ursache der körperlichen Erkrankung. Die einzelnen Instrumente eines Orchesters müssen aufeinander abgestimmt sein, soll die Musik harmonisch und vollendet erklingen. So ist es auch mit dem Leib des Menschen.

Nebenbei möchten wir erwähnen, daß Musik heilt. Auch wenn sie nicht ganz eurem Geschmack entspricht, kann sie von Engeln verwendet werden, um zu heilen, zu erschaffen und vielleicht auch, um das Unerwünschte aufzulösen. Jede Farbe des Spektrums und jeder Planet haben ihren eigenen Ton, ihre eigene Schwingung, auf die der Mensch anspricht.

Oft raten wir euch «Licht einzuatmen». So atmet

ihr Harmonie und Heilkräfte ein, denn im weißen Licht sind alle Farben enthalten.

Wir hoffen, daß ihr euch ein Bild machen könnt, wie eure eigene Persönlichkeit und euer Herz (die Sonne *eures* kleinen Universums), mit der großen Sonne im großen Universum zusammenhängt. Wenn ihr über das Ineinanderspiel von allen Lebenssphären nachdenkt und versteht, wie diese von den göttlichen Strahlen durchdrungen werden, dann könnt ihr begreifen, warum euch geholfen wird, wenn ihr in euch und in eurer Umgebung Harmonie erschafft. Von *euch* hängen Harmonie und Schönheit eurer Umwelt ab. Ihr solltet Gott überall zum Ausdruck bringen. Eure gesamte Umgebung sollte schön sein – nicht notwendigerweise reich und prunkvoll – sondern ganz einfach sauber, geordnet und schön. Nichts in der Welt Gottes sollte in Unordnung sein. Daher ist es ein Teil eures geistigen Trainings, eurer Entwicklung, den Gesetzen Gottes zu gehorchen und eure *Gedankenwelt* harmonisch zu ordnen. So kann sich die Harmonie der Sphären in eurer Seele einprägen, und ihr werdet im Bewußtsein göttlicher Harmonie und Vollkommenheit leben – in einem Wort – in der Liebe.

*

Wer gehört zur «Weißen Bruderschaft»? Die stillen Wächter der sieben Strahlen haben wir bereits erwähnt. Die Schar der weißen Brüder ist unendlich groß, und eine Vielzahl hoher Seelen hat unter ihrer Führung eine Menge Boten, Jünger und Schüler. Diese riesengroße Bruderschaft besteht aus all jenen Seelen, welche reine Liebe in sich entwickelt haben und Gott und den Menschen treu dienen. All jene, die mit dem Licht arbeiten und es zur Erde bringen möchten, werden als «Brüder des Lichtes» bezeichnet und zählen zur Weißen Bruderschaft.

*

VII

DAS GÖTTLICHE GESETZ DER LIEBE

Sobald eine Seele von ihrem physischen Körper
befreit ist und in unsere Welt eintritt, beginnt ein
Prozeß des geistigen Erwachens. Das mag im
Widerspruch stehen zu der Ansicht, daß für viele
Seelen eine Zeitspanne vergeht, bevor sie sich ihres
neuen Lebens bewußt werden. Doch ihr wißt, daß
in unserer Welt das Zeitbewußtsein nicht existiert.
So mag es scheinen, dass eine bestimmte Seele sofort
nach ihrem Tode erwacht, obwohl nach eurer Zeit-
rechnung eine längere Zeitspanne verstrichen ist.
Die Dauer dieser Zeitspanne hängt von dem Seelen-
zustand der betreffenden Person ab, die hinüberge-
gangen ist. Normalerweise erwacht eine Seele sehr
rasch, wenn sie auf Erden an geistigen Wahrheiten
interessiert war. Sobald das neue Leben begonnen
hat, fängt eine Schulung an, obwohl die betreffen-
de Seele sich gar nicht bewußt ist, daß sie geschult
wird, genausowenig, wie sich der Durchschnitts-
mensch bewußt ist, daß er auf Erden einen Lern-
prozeß durchmacht und sich dadurch stetig geistig
entwickelt.

Meistens wird die Seele in die «Halle der Rück-
erinnerung» gebracht, wo sie Episoden aus ihrem
Leben sieht, die wie auf einem Bildschirm vor ihr
abrollen. Dabei wird nichts gesprochen. Sie sieht
sich selbst, so wie sie ist. Es braucht Mut und Kraft,

in einen Spiegel zu schauen und sich selber ohne Beschönigung zu sehen. Der Lehrer kommt in Gestalt eines vertrauten Freundes, welcher den Schüler in einer schönen, sachten Art und Weise ermutigt und ihm hilft. Er schilt und verurteilt ihn nicht, sondern erklärt ihm, dass sein vergangenes Leben das Resultat früherer Erfahrungen sei.

Ihr seht, in der geistigen Welt steht alles unter dem göttlichen Gesetz der Liebe. Der Mensch ist sein eigener Richter und sein eigener Vollstrecker. Leid, das er im Irdischen und Seelischen erfährt, hat er sich unwissentlich selbst zugefügt. Auch wenn ihr auf Erden etwas tut, dessen Torheit euch bewußt ist, zeigen euch die Rückschläge, wie töricht ihr gewesen seid. Geistiges Wachstum basiert auf dem Gesetz von säen und ernten. Wir möchten aber die Güte und Liebe, denen dieses Gesetz unterstellt ist, betonen.

*

Wenn der Mensch fähig ist, in den Mittelpunkt seines Wesens vorzudringen, an den Ort der Stille, wo Gedanken und Gefühle zur Ruhe kommen, wenn er tief eintaucht in das Zentrum seines Wesens – dann wird ihm klar, wie er lieben und handeln soll. Doch die Wahrheiten, die sich seinem Geist offenbaren, müssen im irdischen Leben ihren Ausdruck finden.

Wir, die wir von dieser inneren Welt kommen, kennen recht gut die täglichen Schwierigkeiten des Menschenlebens. Ihr mögt der Ansicht sein, daß wir als entkörperte Geistwesen vom Tagesablauf, den Leiden und Ängsten der Menschen auf Erden nicht viel wissen können. Doch da irrt ihr euch sehr. Die Bruderschaft des Weißen Lichtes ist stark an der Entwicklung, dem Glück und dem Wohlergehen der Menschen interessiert. Wir sind durch viele Erdenleben gegangen und können uns die irdischen Erfahrungen, wenn immer nötig, in Erinnerung rufen. Deshalb fühlen wir mit euch und verstehen eure Einschränkungen, Frustrationen, Ängste und Nöte. Wir kennen physischen Schmerz und seelisches Leid. Wir sind wie einer von euch, EINS mit euch allen. Doch da wir euch lieben, nehmen wir euch eure Probleme und Schwierigkeiten *nicht* ab, denn das wäre weder förderlich noch gut. Wir können euch lediglich zur Seite stehen, euch Kraft und Liebe spenden, während ihr durch Suchen und Fehlermachen langsam lernt.

Durch das Überwinden eurer Schwierigkeiten, und wenn ihr den hellen Pfad des Lichtes geht und euch der Botschaft des Geistes öffnet, wird Freude in eure Seele einziehen, was nicht möglich wäre, wenn wir euch eure Probleme und Schwierigkeiten abnehmen würden. Nur durch eigene Anstrengung, in Gemeinschaft mit Gott, der in eurem Herzen wirkt, könnt ihr die Freude erfahren, die im Erlernen dieser Wahrheiten liegt. Jedesmal, wenn Ihr eine neue Wahrheit entdeckt habt, jedesmal, wenn ihr fähig seid, an die Geheimnisse des Lebens zu rühren, vergrößert sich das Licht in eurem Herzen und in eurer Seele, und das Leben gewinnt einen neuen Aspekt. Dann seht ihr mit physischen und geistigen Augen eine umfassendere Schönheit, als ihr je zuvor gesehen habt. Dann singt euer Herz vor Freude und Dankbarkeit für den Schöpfer.

Wir wollen euch ein einfaches Beispiel geben, damit ihr versteht, was wir meinen. Man sagt, daß ein junges Paar, das sich liebt, den Himmel voller Geigen sieht. Die Liebe hat in beiden die Schwingung erhöht. Sogar in ihrer niedrigsten Form hat die Liebe magische Kraft. Sie macht die Liebenden glücklich und enthüllt ihnen Schönheit.

Wir versuchen immer wieder, meine Freunde, euren eigenen Mittelpunkt mit dem innersten Zentrum des Lebens zu verbinden. Dort ist der Urquell zu all eurem Tun. Von dort kommt euch Antwort auf alle Probleme.

※

Vom Urquell des Lebens strahlen Impulse in das ganze Universum aus. Diese Impulse durchdringen alles Leben. Einige von ihnen nennt man positive, andere negative Kräfte. Ihr seid ein sensitives Instrument. Durch geistige Entwicklung und Entfaltung übt ihr euch, auf diese Kräfte ausgeglichen und richtig zu reagieren. Ihr versucht, nicht allzusehr hin und her gerissen zu werden. Ihr lernt, auf dem geraden Pfad des Lichtes zu bleiben und vollständig ausgeglichene Seelen zu werden. Ein Meister ist eine solch völlig ausgeglichene Seele, einer, der auf alle Einflüsse, die auf ihn wirken, in richtiger, gut ausbalancierter Weise reagiert.

Alle Menschen sind bewußt oder unbewußt mit der höchsten Macht, mit Gott, verbunden. Aus diesem Grunde drängt es sie, diese unbekannte höhere Macht um Hilfe anzuflehen. Es ist nur natürlich, daß ein Mensch seit seiner Kindheit an etwas glaubt, das er lieben und verehren kann. Wenn sich das Kind dann später zum Materialisten entwickelt, kommen vielleicht Zeiten, da es in einer tiefen Krise instinktiv nach Gott ruft.

Während seines ganzen Lebens wacht eine Führungsmacht über dem Menschen. Es bleibt aber jedem Einzelnen überlassen, ob er dieser führenden Macht folgen will, oder ob er sich abwendet. Damit gibt er sich aber den dunklen Mächten, in alter Terminologie ausgedrückt – Satan – anheim. Satan ist ein anderer Name für «Saturn», den Prüfer, denn sogar die negative Kraft, welche den Menschen im Leben schmerzlich prüft und reinigt, bringt ihm letztendlich Weisheit und Licht.

Der Mensch ist aus zwei Gründen auf der Erde inkarniert, erstens, um die Schönheit Gottes sowohl in sich selbst als auch in allem was lebt zu finden, und zweitens, um im Erdengewand jene geistigen Wahrheiten zu entdecken, durch die er unendliches Glück erlangen kann.

Das Gesetz sagt, daß der Mensch Gott mit ganzem Herzen, mit ganzer Seele und mit ganzem Gemüt lieben soll. Tut er dies, dann liebt er auch den Nächsten, denn Gott ist auch im Mitmenschen. Das Leben ist ein einziges Ganzes. Du kannst dich weder von Gott noch vom Nächsten isolieren, denn alles Leben strebt nach Vereinigung.

Zuerst kommt das individuelle Wachstum des Einzelnen und die Entwicklung seines Gottesbewußtseins, dann die vollbewußte Vereinigung, das sich Eins-fühlen mit allem Leben. Dann weißt du, daß du kein lebendes Wesen verletzen kannst, ohne dich selbst zu verletzen, denn du gehörst zum Ganzen, zum universellen Leben, und jede liebevolle Tat kommt als Segen zu dir zurück.

*

Oft wird diskutiert, ob der Mensch seinen Menschenbruder mit Zerstörungswaffen bedrohen soll, um Ordnung und Gesetz zu wahren, oder nicht. Einige sagen, es sei nicht richtig, unbewaffnet und schutzlos zu sein, und andere meinen, es sei unrecht, Nuklearwaffen anzuwenden, ja selbst solche zu testen. Auch unter euch sind viele unsicher, was das Richtige wäre.

Wir wollen hier nicht auf irdische oder politische Argumente eingehen. Das ist nicht unser Weg. Ist es richtig, passiv zu bleiben, fragt ihr, ohne gegen das Böse anzukämpfen? Jesus sagte: Überwindet das Böse durch das Gute. Ihr aber meint, das sei ganz unmöglich – man müsse etwas *tun*. Einige halten den Schutz des Schwächeren für sehr wichtig, denn es ist ein natürlicher Instinkt des Menschen, seine Freunde und Nächsten zu schützen und den Frieden zu erhalten. Andererseits wißt ihr, daß es ein göttliches Gesetz gibt, nach welchem *Gott* des Menschen Beschützer ist. Doch der Mensch muß zum Kanal für diesen göttlichen Schutz werden. Das heißt, der Mensch, der das geistige Gesetz kennt, soll aktiv dieses Gesetz anwenden. Er sollte die

Kenntnis dieses Gesetzes unter seinen Mitmenschen verbreiten. Anders ausgedrückt – über den *Menschen* verhilft Gott dem Menschen zu einer besseren Lebensgestaltung. Das ist etwas ganz anderes, als was ihr unter dem Begriff des Pazifismus versteht. Es ist ein aktiver, nicht ein passiver Zustand. Ihr könnt zum Kanal für das Gute werden. Ihr könnt das Gute erstreben. Ihr könnt danach trachten, im täglichen Leben rechtschaffen zu handeln. Ihr könnt Betrug, Unlauterkeit und Unfreundlichkeit, wie auch das Töten in jeglicher Form verabscheuen. Ihr könnt zum tatkräftigen Instrument der schöpferischen göttlichen Macht werden, die der Menschheit hilft, zu erwachen und den wahren Lebensweg zu finden.

Die Zeit wird kommen, da die Wissenschaftler durch ihre Forschungen mit der Wahrheit konfrontiert werden, daß es neben dem physischen noch ein geistiges Universum gibt. Wenn dann der Mensch die Weisheit erlangt hat, auf geistigem Gebiet zu forschen, wird er eine wundervolle Welt betreten. Dann wird er den wahren Lebensweg erkennen und ganz natürlich alle gottähnlichen Eigenschaften entwickeln, die in ihm schlummern. Ihr mögt denken, das liege in einer fernen Zukunft. Doch wenn der Mensch seine heutigen Prüfungen besteht, und wir denken, er wird sie bestehen, dann wird er auf den verschiedensten Gebieten der geistigen Entwicklung voran kommen. Es sind die Gebiete der Wissenschaft, der Philosophie, der Erziehung, der Geisteswissenschaften, der Kunst, der Musik, des Heilens u. s. w. Der Einfluß der großen Engelwesen an der Spitze eines jeden Wissensgebietes wird dann in voller Kraft auf die Menschheit gerichtet werden.

Das Leben beginnt im Mittelpunkt aller Dinge – im Geistigen – und strahlt, sich stetig vervollkommnend, in dauernd sich erweiternden konzentrischen Kreisen oder Lebenszyklen aus.

*

Abschließend möchten wir euch an einen Ort des Lichtes führen. Vergeßt euren Körper und den niederen Verstand, und konzentriert euch auf das Lichtzentrum in eurem eigenen Wesen. Macht Gebrauch von eurer Vorstellungskraft und seht eine große Arena, die sich stufenweise bis zu einer unermeßlichen Höhe erhebt, weit über euer Sehvermögen hinaus. Sie ist wie eine riesige Sonne oder ein Kreis strahlenden Lichtes, wundervoll leuchtend in sanftem Glanz geistigen Lebens. Bei genauem Hinschauen erkennt ihr, daß die Stufen, von der untersten bis hinauf zur höchsten, von weiß gekleideten Wesen besetzt sind. Ihr spürt, daß in dieser großen Versammlung eine erwartungsvolle Stimmung herrscht. Ihr hört Musik – Sphärenmusik.

Nun seht die Gestalt des einfachen, liebenden Meisters, die Verkörperung des Kosmischen Christus. Spürt ihr Seinen Segen? Seht ihr die Schönheit Seiner Züge, die einfache Vornehmheit Seiner Haltung? Fühlt ihr die Liebe, die Weisheit, die von Ihm ausstrahlt und euch zu Ihm hinzieht, und die euch Friede, Hoffnung und Kraft bringt?

Ist die äußere Welt, die Bühne des Lebens, immer noch so wichtig? Hier an diesem Ort herrschen unendlich große Macht und Liebe. Hier ist der Mittelpunkt des göttlichen Willens.

Fühlst du dich umhüllt von seiner Liebe? In ihr kannst du bewußt leben und von diesem Mittelpunkt gehst du aus, um dem Bruder und allem Leben zu dienen. Er, der sanfte Meister, weiß alles. Er gibt dir die Weisheit, um richtig zu handeln.

Halte diese Vision solange du kannst, und du wirst gesegnet sein.

O gütiger VATER, Dein Segen für alle Deine Kinder ist groß! In Demut stellen wir unsere Herzen in Deinen Dienst. Möge Friede, Liebe und Weisheit die Erde segnen und die Gedanken der Menschen von Zerstörung ablenken und dafür dem Bruder zuwenden, der Hilfe braucht.

VIII

JEDER EINZELNE IST EIN GLIED
EINER KETTE

Was ist die symbolische Bedeutung des Fünfeck-
und des Sechsecksterns?

Der Fünfeckstern ist das Symbol für das Erwachen des Bewußtseins, das Dämmern des Lichtes. Es
will besagen, daß das Licht im Suchenden zu dämmern beginnt. Der Sechseckstern hingegen ist das
Symbol der Seele, die das Licht gefunden und einen
gewissen Grad von Ausgeglichenheit erlangt hat. Er
symbolisiert einen Eingeweihten, der den Ausgleich,
die Harmonie zwischen den Extremen, den Gegen-
sätzen im Leben, gefunden hat.

Wir sprechen oftmals von der Großen Weißen
Loge und deren Meister, den großen Eingeweihten,
die voller Liebe sind. Sie denken nicht an sich
selbst, ihr einziger Wunsch ist, der Menschheit zu
helfen. Unter der Vielzahl von Eingeweihten und
älteren Brüder sind zwölf große Meister, die stillen
Wächter, welche die Menschheit in ihrer Obhut
haben und ihr tatkräftig beistehen. Einige von
ihnen bleiben passiv hinter den Kulissen, sind jedoch in *Gedanken* äußerst aktiv. Andere sind sehr
aktiv in irdischen Organisationen und Gruppen, die
dem Fortschritt im Leben der Menschen dienen.
Auf Erden gibt es viele solcher Bewegungen. Sie
alle verrichten gute Arbeit. Diese Gruppen, Organi-

sationen und religiösen Gemeinschaften erhalten Hilfe durch die Eingeweihten der Großen Weißen Loge. Auch Kunst, Musik, Drama und Literatur sind Wege des Dienens. Jede schöpferische Tätigkeit zur Entfaltung des menschlichen Geistes wird von Meisterseelen geführt und inspiriert.

Jeder Mensch, der bereit ist, dem reinen, selbstlosen Ruf eines Meisters zu folgen, sendet unbewußt eine Schwingung aus, die der Meister wahrnimmt und unfehlbar beantwortet. Diese großen Meister arbeiten jedoch nicht immer direkt mit den Erdenmenschen. Sie haben ihre Jünger, wie auch jene, die ihr als eure geistigen Führer kennt, die euch die Botschaft des Meisters überbringen. Vielleicht werdet ihr fragen wollen, wie man denn sicher sein könne, daß die Botschaft wirklich aus einer reinen Quelle kommt. Wahre Botschaften stammen aus der Christus-Sphäre. Man erkennt sie daran, daß sie rein, selbstlos, freundlich und gerecht sind. Ein Meister spricht stets mit Liebe und richtet eure Gedanken auf Frieden und guten Willen. Nie wird er euch zu Feindschaft, zu Eigenlob und Großtuerei ermuntern, sondern stets zu Demut, Freundlichkeit und Zusammenarbeit mit allen Geschöpfen führen.

Wenn zwischen den Regierungen der Nationen eine wichtige Konferenz stattfindet, ist dies für die meisten von euch nichts anderes als eine weltliche Angelegenheit. Wir aber versichern euch, daß keine Konferenz, die das Schicksal der Menschheit beeinflußt, unbeachtet bleibt. Sie wird von der geistigen Seite her überwacht, geführt und inspiriert. Es wird

ihr geholfen, sofern sie Hilfe annehmen will, durch
– nennen wir ihn «den großen Rat in der höheren
Welt», dessen Mitglieder von den irdischen Wirren,
den Einflüssen aus der astralen Ebene, der Ebene
der Wünsche, unbeeinflußt bleiben. Der Große Rat,
den wir meinen, gehört zur Großen Weißen Loge.
Er wirkt unter göttlichem Gesetz, hat aber –
ähnlich wie der Erdenmensch – einen gewissen
Grad von freiem Willen. Er arbeitet nicht streng
nach einer Regel. Seine Mitglieder können die
jüngeren Brüder auf Erden beeinflussen, es hängt
jedoch viel vom Bewußtseinszustand dieser jungen
Seelen ab.

Deshalb möchten wir betonen, wie wichtig
immerwährendes, gutes, wohlwollendes und richtiges Denken ist. Wenn die Kraft göttlichen Denkens in der ganzen Menschheit stark genug ist, und
wenn die Menschen ernsthaft um guten Willen und
Harmonie auf Erden beten, dann fließt vermehrte
Hilfe zu denen, die die Zukunft planen und in die
Wege leiten.

Das Licht ist bereits in die Dunkelheit einge-
drungen und ein besseres Verständnis wird kommen. Der Mensch hat schon ein recht großes Maß
an Kenntnissen gewonnen und hat das Licht des
Christusgeistes durch Schmerz und Leid in sich auf-
genommen. Wir sehen, daß ein besserer Geist unter
den Menschen herrscht, doch vieles muß noch getan
werden, bis die Menschheit durch die dunklen Wol-
ken der Unwissenheit ins volle Licht gelangen
kann. Wir sehen eine Zukunft ohne Kriege. Wir sehen das Morgenrot einer ganz neuen Gesinnung,

eines Zustandes, den ihr euch heute gar nicht vorstellen könnt. Doch seid euch bewußt, daß die sozialen und wirtschaftlichen Probleme auf Erden nur dann gelöst werden können, wenn Liebe das menschliche Bewusstsein derart erfüllt, daß der Mensch nicht sein eigenes Ich, sondern das Wohl des Nächsten voranstellt. Die ganze Menschheit muß in dem einen Geist, im Geist der Liebe, im Geist Christi leben. Das kann nur durch dauernde Anstrengung sowohl auf der irdischen als auch auf anderen Existenzebenen erreicht werden – durch ständiges Bemühen, so zu sein, wie Gott uns erschaffen hat und möchte, daß wir sind – Söhne und Töchter des Lichtes. Der Geist der Brüderlichkeit ist langsam, aber sicher, im Kommen.

*

Gedanken sind schöpferisch. Was der Mensch heute denkt, wird morgen verwirklicht. Denkt er an Krieg und Zerstörung und ist der Gedanke stark genug, dann verwirklicht er sich auf der physischen Ebene. Was du denkst, das wirst du. Was die Welt heute denkt, das wird sie morgen werden. Was immer du auf Erden erlebst, das liegt zuvor in der Gedankenwelt.

So ist es auch mit dem Leben nach dem Tode. Wenn du deinen Körper verläßt, erwachst du in einer Welt von starken Gefühlen und Leidenschaften, wenn du auf Erden solcherart gelebt und gedacht hast. Derjenige aber, dessen Gedanken liebevoll, freundlich und gut waren, der gemäß seiner

Entwicklung und seines geistigen Wachseins den Geist Christi in sich zu verwirklichen suchte, wird sich in jener Gedankenwelt wiederfinden, die er sich erschuf.

Auf Erden kannst du deine Gedanken verbergen, doch nicht mehr in der geistigen Welt. Alles, was du auf Erden gedacht hast, ist in deinem geistigen Leben Wirklichkeit geworden. Wenn du deinen physischen Körper verläßt, kannst du in eine neue Welt von großer Schönheit und Freude eintreten. Nur du, du allein, kannst dir den Weg dahin versperren.

Doch seid euch bewußt, daß das geistige Gesetz Allliebe ist, und daß vor jeder Seele ein Pfad des Fortschrittes liegt. Jede Seele hat Gelegenheit, geistig zu wachsen und zu dienen. Befindet sich eine Seele anfänglich in einer ungemütlichen Lage, hat sie stets die Möglichkeit, sich zu ändern und kann schnell aus ihrem Gefängnis oder ihrem «Fegefeuer» zu einem volleren Leben in eine Sphäre von Harmonie und Glück aufsteigen.

Oft wird die Frage gestellt, wie man denn in der geistigen Welt glücklich sein könne, wenn man sieht, daß seine Lieben auf der Erde unglücklich sind. Eine Seele, die frei vom Erdenleib und frei von irdischen Begrenzungen ist, trifft sich mit ihren Lieben während deren Schlaf. Eine Trennung, so wie du sie dir vorstellst, gibt es nicht. Du wirst geschult, das innere Licht, das geistige Leben zu suchen. Du wirst belehrt, wie man in einen höheren Grad bewußten Lebens emporsteigt, wo du deinen Gefährten treffen wirst, und wo ihr beide euch an eurer Wiedervereinigung freuen könnt. Wenn die Zeit des Abschieds kommt und du in deinen Körper zurückkehren mußt, geschieht dies im Wissen, daß ihr nicht getrennt seid. Du weißt, daß dein Kamerad ein glückliches, fröhliches Leben führen kann, das mit dem deinen verknüpft ist.

Zwei Seelen werden in einem Erdenleben nicht zusammengebracht, ohne daß eine starke geistige Anziehung vorhanden ist. Es ist die *karmische* Anziehung, und wenn auch die Umstände zwischen den beiden manchmal sehr schwierig sein mögen, ist das gegenseitige Mißverstehen das Resultat von Karma, das getilgt werden muß. Wie töricht ist es doch, gegen Mauern anzurennen. Die richtige Art, mit schwierigen Situationen fertig zu werden, ist, ihnen ins Gesicht zu schauen und sich zu fragen: Was würde der Meister tun? Blicke in dein Innerstes und frage dich, wo *dein* Fehler liegt und wo der Fehler des anderen zu suchen sei. Das trifft für alle zu und bietet sich als Lösung an für alle Unstimmigkeiten, die aus Konflikten zwischen verschiedenen Persönlichkeiten entstehen.

Wir möchten, daß ihr begreift, wie stark euer Leben auf Erden mit eurem Leben in der geistigen Welt verwoben ist. Ihr lebt sowohl auf Erden als auch in der geistigen Welt, in der eure Freunde und Lehrer sind. Sie kommen zu euch, um euch zu helfen und euch aufzurichten, wenn ihr verzweifelt seid. Und wenn ihr euch ihrer segensreichen Hilfe öffnet, bringen sie auch eurem physischen Leib neues Leben. Die Menschen werden alt, weil sie sich Emotionen, Ängste und Sorgen erlauben. Sie werden krank durch Spannung und Überanstrengung. Wäret ihr dauernd in Harmonie mit dem «Großen Weißen Licht» – ihr wäret nicht mehr krank.

Wenn man sich nach dem Christuslicht sehnt und sich gedanklich darauf einstellt, kann es ins Herz strahlen und eine geistige Heilung bewirken. Diese Strahlen haben eine große Kraft und können eine Umwandlung herbeiführen und die Ordnung wieder herstellen. So können Finsternis und Krankheit im physischen Leib gewandelt werden. Das Licht gewinnt die Oberhand und gebietet über den Körper und die physischen Atome. So geschehen Wunder. Wenn wir sagen, daß Gedanken dies tun können, meinen wir selbstverständlich «göttliche Gedanken», Gedanken, die von einem reinen Herzen empor steigen. Die Kraft, die einströmt, wenn das Herz auf Gott gerichtet ist, kann Negatives in Positives – Dunkelheit in Licht umwandeln.

In der Zukunft wird solches geschehen. Das Einfluten des Lichtes wird vollkommene Gesundheit bringen. Es sind aber noch manche Lektionen zu erlernen. Da ist noch so vieles, was die Seele zu lernen hat und so viel Arbeit, die getan werden muß. Die Erde ist mit einer Schule zu vergleichen, und die Seele, die in aufeinanderfolgenden Inkarnationen alle Klassen durchläuft, absolviert letztendlich die Universität, um ein Meister zu werden.

Ihr sollt verstehen, daß jede individuelle Seele mit anderen Seelen verbunden ist wie in einer Kette, die von der Erde bis zu den höchsten geistigen Höhen reicht. So könnt ihr Botschaften von den weisesten der älteren Brüder erhalten. Stufe um

Stufe kommt die Botschaft herab. Wenn wir zu euch sprechen, sind andere Wesen am Werk, die euch durch uns gewisse Wahrheiten vermitteln. Hinter jenen sind wieder andere und so fortlaufend durch die Sphären.

Jeder von euch, wie wir bereits sagten, hat einen persönlichen Führer und einen Schutzengel. Ihr könnt Hilfe erhalten, die all eure Träume übersteigt, wenn ihr mit demütigem Geist in euer Innerstes geht und dort betet, nicht in Selbstmitleid, sondern in Demut, nicht aus Selbstgefälligkeit, sondern um zu einem wahren Diener der Menschheit zu werden.

Ihr habt die Beispiele der großen Meister vor Augen, die der Menschheit durch die Jahrtausende hindurch dienten. Das ist der Weg – so zu leben, daß man nicht nur um der eigenen Freude willen lebt, sondern um die Erde zu verschönern und zu bereichern, um der geistigen Höherentwicklung allen Lebens zu dienen. Die Verantwortung liegt bei jedem Einzelnen, und von jeder einzelnen Seele hängt die Gemeinschaft ab.

*

IX

KLAR SEHEN – KLAR ERKENNEN

Nach eurer Ansicht sind nur wenige Menschen hellsehend. Es stimmt, daß in heutiger Zeit nur wenige diese Gabe besitzen, doch die Gabe des einen ist die Möglichkeit aller. Wenn ein einziger Mensch hellsehend ist, darf angenommen werden, daß diese Fähigkeit latent in allen liegt, denn alle sind Kinder Gottes. Sagte nicht Jesus der Christus: «Die Dinge, die ich tue, sollt ihr auch tun, ja größere denn ich tat, sollt ihr tun.» Ob jedoch diese Fähigkeit entwickelt werden kann oder nicht, ist eine karmische Angelegenheit.

Die inkarnierte Seele erleidet Einschränkungen und erfreut sich neuer Chancen, die sie sich in vergangenen Leben erworben hat und findet sich in jenen Umweltbedingungen, in denen sie den größtmöglichen Fortschritt erzielen kann. In der Schule des Lebens wird sie mit der eigenen Vergangenheit, mit ihrem Karma, konfrontiert. Der Mensch mißversteht die Gnade und Güte Gottes und spricht von *schlechtem* Karma. Karma, das Resultat vergangenen Denkens, Redens und Handelns, ist jedoch viel eher eine neue Gelegenheit zum Lernen, eine Chance, die dem Menschen geboten wird.

Wir wollen nun versuchen, die Bedeutung der Gabe der Hellsichtigkeit (clairvoyance) aufzuzeigen. Viele von euch mögen einen gewissen Grad von Hellsichtigkeit haben oder meinen es wenigstens. Wir möchten euch aber daran erinnern, daß die verschiedenen Grade des «klar sehens» wie auch des «klar erkennens» die ganze Skala, von der untersten bis zur höchsten Stufe, umfaßt. Man kann hellsichtig oder hellsehend sein auf der untersten Astralwelt, der Sphäre unmittelbar jenseits der materiellen Ebene, oder man kann kosmisches Bewußtsein erlangen. Zwischen diesen beiden Graden gibt es viele Abstufungen. Hellsichtigkeit bedeutet nicht nur das Erschauen von jenseitigen Wesen und Formen, sondern umfaßt auch «klares Erkennen der Wahrheit» oder z. B. klares Erkennen des Lebens auf dieser Erde in der Zukunft, eine Vision, was sein könnte, wenn alle Menschen aus einem liebenden Herzen heraus handeln würden.

Die sieben Farben des Spektrums sind alle in dem einen weißen Strahl enthalten, den wir das Christuslicht nennen wollen. Das Christuslicht enthält alle Strahlen, und jeder einzelne Strahl wirkt schöpferisch und hat die Kraft, jegliche Form der Materie zu beeinflussen. Alle Strahlen gehen vom Zentrum oder dem Herzen des Universums aus. Es ist wie ein Pulsschlag, der unaufhörlich Liebe, Liebe, Liebe ins All verströmt. Es ist ein rhythmisches Ausströmen von immerwährender, schöpferisch-heilender Kraft. Es sind die Strahlen, welche den schaffenden Komponisten veranlassen, seine Musik zu hören und sie niederzuschreiben, die Strahlen, welche den Schriftsteller inspirieren und den Maler zu seiner Vision anregen. Alle schöpferischen Werke gehen vom Zentrum oder Herzen des geistigen wie des materiellen Universums aus. Ihre Impulse wirken auf das Gemüt (mind) und veranlassen den Menschen, sich etwas vorzustellen. Ihr nennt es die Vorstellungskraft oder Imagination. Alle schöpferisch schaffenden Künstler verwenden die Vorstellungskraft. Sie entwickeln auf ihre Art und Weise Hellsehen und Hellhören.

Wir sagen euch dies, damit ihr lernt, diese Gaben zu verstehen und aus eurem eigenen Herzen, dem Mittelpunkt des Christusfunkens, zu wirken. Von hier ausgehend, könnt ihr mit eurer Vorstellungskraft arbeiten. So reagiert ihr auf die Schwingungen der unsichtbaren Welten und baut unter Zuhilfenahme der eigenen inneren Christuskraft eure mentalen Kraftfelder, eure Gesundheit und eure materielle Umgebung auf.

*

Jede Gestaltung ist zuerst durch den Gedanken entstanden, und der Gedanke des Menschen kann durch den Geist und durch die Macht Gottes gelenkt werden. Versucht zu begreifen, was wir euch lehren wollen, denn es ist für jeden Einzelnen von euch äußerst wichtig. Die schöpferische Kraft kann entweder niederreißen oder aufbauen. Sie kann euer Leben entweder freudig und schön gestalten oder ins Chaos stürzen.

Wie ein Mensch denkt, was er sich vorstellt, so wird er. Negatives Denken, negative Vorstellungskraft wirkt auf bestimmte Stellen des Gehirns und bringt dem physischen Leib Krankheit und Disharmonie und wirkt auch auf die Umwelt, auf das äußere Leben. Wenn ihr euch auf Scherereien einstellt, werdet ihr mit Sicherheit Scherereien ernten. Wenn ihr euch aber beharrlich auf das Gute konzentriert, werden sich Gottes Pläne als weise und liebevoll erweisen.

Dieser Vorgang ist völlig automatisch – es ist ein Gesetz des Lebens. Wie ein Mensch *denkt,* so ist er und so wird er. Was ihr in eurer Meditation denkt, welche Bilder ihr mit eurer Phantasie erschafft – ihr manipuliert feinere Kräfte, bedient euch feinerer Schwingungen. Aus der Substanz der unsichtbaren Welten erschafft ihr dementsprechend eure besonderen Formen.

Was der Mensch denkt, wird er. Was immer der Mensch in seine Umgebung, seine Arbeit und seine Religion hinein projiziert, was immer es ist, das er erschafft – er ist damit verwoben. Entweder hält es ihn als Gefangenen und versklavt ihn, oder, wenn seine Gedanken göttlicher Natur sind, befreit es ihn. Der Mensch ist sein eigener Kerkermeister oder sein eigener Befreier.

Ihr werdet erkennen, wie wichtig es ist, Selbstkontrolle und Selbstdisziplin zu erlernen, um sich vollkommener Gesundheit zu erfreuen und ein geordnetes Leben in Harmonie und Schönheit zu verbringen. Der erste Schritt auf dem Pfad der Höherentwicklung ist für jede Seele die Selbstdisziplin. Disziplin heißt strikte Einhaltung der göttlichen Gesetze. Gott selber ist das Gesetz. Gott hat jedem Menschen das Verständnis hierfür gegeben. Jede Seele hat Zutritt zu diesem inneren Wissen.

Gott hat die leise, innere Stimme in jedes Geschöpf gepflanzt. Der Mensch auf seiner gegenwärtigen Entwicklungsstufe aber zieht es vor, nicht hinzuhören. Würde jeder der Stimme Gottes Gehör schenken – die Menschheit wäre gerettet. Das tönt altmodisch, doch es ist der Schlüssel zur Wahrheit, denn in jener leisen inneren Stimme liegt die schöpferische Kraft der Liebe.

*

Könnt ihr Liebe definieren? Wenn *wir* an Liebe denken, fühlen wir im selben Moment den Wunsch zu geben, ein Verströmen an euch und an alles Leben. Lieben heißt geben. Wenn man liebt, ist es, als ob man aus sich herausginge, sich verströmen wolle, um zu helfen, um zu dienen. Doch so, wie man nicht ausatmen kann, ohne wieder einzuatmen, kann man auch nicht Liebe schenken, ohne Liebe zu empfangen. Die Liebe ist wie ein Aus- und Einatmen. Sie ist ein Licht, das tief im Inneren leuchtet, ist Wärme, Sicherheit und inneres Wissen. Jedesmal, wenn ihr nicht in Liebe handelt, redet und denkt, seid ihr unglücklich, weil ihr außerhalb der Harmonie steht. Der irdische Verstand wird das kaum zugeben wollen und geht bis zum extremen Standpunkt, um sich zu rechtfertigen. Doch das innere Selbst weiß genau, daß es aus der Harmonie fällt, wenn es kein Gefühl der Liebe empfindet. Liebe ist Gott und Gott wird im Herzen gefunden. Wenn keine Liebe da ist, tappt ihr im Ungewissen, kennt nicht den Begriff Gott, und Gott bleibt ein Mysterium.

Die Heiligen aller Zeiten, nicht nur die von ge-
stern, sondern auch die von heute, haben alle einen
gewissen Grad geistiger Reife erreicht, wodurch sie
die Liebe nicht nur verstehen, sondern in ihrem
Wesen Liebe sind, die sich im Dienen ausdrückt, im
Dienst am Leben und damit im Dienst am ganzen
Universum. Durch die Liebe hat der Heilige Meisterschaft über sich errungen, ebenso über die
Kräfte oder die unsichtbaren Strahlen, die unaufhörlich alles Leben beeinflussen.

Das ganze Universum ist von diesen unsichtbaren
Strahlen oder Kraftschwingungen erfüllt. Man
kann sie im aufbauenden, konstruktiven Sinn oder
im niederreißenden, zerstörenden Sinn verwenden.
Sind sie konstruktiv, nennt man sie gut, sind sie
zerstörend, nennt man sie böse. Mit der Kraft, welche die Liebe einem Meister verleiht, kann er diese
Strahlen zum Guten lenken, um das Gleichgewicht
wieder herzustellen. Habt ihr je an die lebenswich-
tige Notwendigkeit gedacht, daß das Gleichgewicht
gehalten werden muß? Ist es gestört, auch in eurer
materiellen Welt, dann herrscht Chaos.

*

Kommt nun mit Hilfe eurer Vorstellungskraft in
die Welt des Lichtes, in den Tempel, der durch
treue und liebevolle Herzen, im Glauben an Gott
den Schöpfer, erbaut wurde. Wir befinden uns hier
in der Nähe erleuchteter Wesen, den Heiligen aller
Zeiten. Wir schulden ihnen Dank für ihren Dienst,
denn sie erheben langsam, aber sicher, die gesamte

Schöpfung in einen Zustand, in dem alle Geschöpfe zu Kindern des Lichtes werden. Der Weg des Dienens wird uns allen gezeigt, ob wir inkarnierte oder nicht inkarnierte Wesen sind. Dieser leuchtende Pfad des Dienens liegt vor uns.

Wir können nicht eure Arbeit tun, so wenig wie ein anderer *euren* Beitrag zum Dienst am Leben leisten könnte. Jeder hat etwas ganz Spezifisches zur Schöpfung Gottes beizutragen. Ihr seid Bauleute und Mitarbeiter des Schöpfers. Was auch immer eure Arbeit ist – tut sie so gut wie irgend möglich. Solltet ihr euch frustriert und eingeengt fühlen, kann jeder sich mit Hilfe des göttlichen Gesetzes befreien. Das gilt für alle Aspekte des Lebens – für Gesundheit, häusliche Belange, materielle und seelische Angelegenheiten. All dies läßt sich erneuern, wenn ihr dem Christuslicht in und um euch treu bleibt. Gott segne euch alle. Ihr seid nicht allein, denn euer Schutzengel hilft euch in allen euren Bemühungen.

*

X

LEBEN IST BEWUSSTSEIN

Wir haben zu euch von der Christus-Sphäre gesprochen und von der dringenden Notwendigkeit, daß Gruppen wie die eure gedanklich aktiv sein sollten, um im Neuen Zeitalter beim Aufbau mitzuwirken. Wir haben auf die Wichtigkeit von positiven, guten Gedanken hingewiesen. So viele Menschen sind im Denken genauso nachlässig wie im Reden. Sie ahnen nicht die Kraft, die sowohl in Gedanken als auch in Worten liegt. Sie denken kritisch von ihren Mitmenschen und wollen nicht verstehen, daß jede Seele Hilfe durch *aufbauende, positive* Gedanken braucht. Wenn sie sich gegenseitig mit kritischen und negativen Gedanken bewerfen, reißen sie den Nächsten nieder und verletzen ihn.

Oft sprachen wir von der Überwindung und Ausmerzung der Grausamkeit im neuen Zeitalter. Ihr denkt hierbei sogleich an Grausamkeit gegen Tiere. Doch dies ist nur *ein* Aspekt der Grausamkeit. Das Ausmerzen von niederreißenden und grausamen Gedanken ist genauso wichtig wie das Ausmerzen von Grausamkeit gegen Tiere und das Schlachten derselben.

Wir sind uns bewußt, daß konstruktive Kritik ihren Platz hat. Bis zu einem gewissen Grad kann sie stimulierend wirken und zur Vervollkommnung eines Werkes beitragen. Zwischen konstruktiven, hilfreichen Anregungen einerseits und kritischen, antagonistischen Gedanken andererseits liegt aber oft nur eine dünne Trennungslinie. Wir möchten hervorheben, daß gute, schöpferische Gedanken Gottgedanken sind.

Einige von euren Führerpersönlichkeiten sind große Seelen an exponierter Stelle und tragen viel Verantwortung, werden aber durch die Kritik der Massen in ihrem Wirken stark behindert. Wäre dies den Menschen doch bewußt, sie würden ihren Staatsmännern durch die Ausstrahlung von Wohlwollen und gutem Willen helfen und sie mit dem Christuslicht umgeben. Gute, göttliche Gedanken sind positive Gedanken. Alle guten Führungskräfte sollten dauernd durch hilfreiche Gedanken unterstützt werden. Gedanken sind Schwingungen, die sich wie Schall- oder Lichtwellen ausbreiten. Ihr könnt Raum und Zeit durch die Entdeckung der Naturgeheimnisse überwinden. Ihr betrachtet den Empfang von Schall- und Lichtwellen durch den Äther als eine Selbstverständlichkeit. In verhältnismäßig naher Zukunft, wenn der Mensch seine inneren Kräfte entwickelt hat, wird ihm der bewußte Empfang von Gedankenwellen ebenso selbstverständlich sein. Ihr könntet Gedankenwellen heute schon empfangen, wenn ihr hierfür geschult wäret. Eure Seele, eure Psyche, ist das sensitive Instrument hierfür. Sie empfängt dauernd, aber unbewußt, Eindrücke menschlicher Gedankenwellen. Aus diesem Grunde leiden so viele Menschen in ihrem Nervensystem, welches mit dem höheren Ätherleib und dem Seelenkörper verbunden ist. Denjenigen, die ihre Seelenkräfte entwickeln und ihr geistiges Wahrnehmungsvermögen entfalten möchten, empfehlen wir, Menschenansammlungen so weit wie möglich zu meiden. Für einen Sensitiven ist es stets ermüdend, sich in einem vollen Theater, einem Kino oder sonst einer Massenansammlung aufhalten zu müssen. Diejenigen von euch, die in Städten leben, wissen, wie müde sie werden, ohne daß sie verstehen, warum sie so ausgepumpt sind und warum sie sich sehnen, hinauszukommen. Sind sie dann auf dem Land, regenerieren sie sich in der heilenden Schwingung der Natur.

Beginnt ihr zu verstehen, mit was ihr euch im täglichen Leben auseinander zu setzen habt, dann kommt euch vielleicht die Einsicht, wie viel besser es wäre, nur noch freundliche und positive Gedanken zu hegen. Gute, konstruktive Gedanken sind des Menschen Schutz gegen das Eindringen negativer oder übler Gedanken. Mehr noch, jeder konstruktive Gedanke hilft der ganzen Menschheit, eine höhere Schwingung zu erreichen.

*

Es ist der Sinn des Lebens, daß wir alle ein erweitertes Bewußtsein erlangen. Leben ist Bewußtsein. Wir möchten die uralte Wahrheit erneut betonen, daß alle Kenntnis im Menschen selber liegt. Das ganze Universum ist im Lebensfunken seines Herzzentrums enthalten. Der Mensch aber sucht Erkenntnisse außerhalb. Unwillkürlich blickt er nach außen und empor, um Kenntnisse von dort zu erhalten. Es wird jedoch eine Zeit kommen, da das im Menschen erwachende Bewußtsein ihm die tiefe Wahrheit enthüllt, daß alle Erkenntnis *in ihm selbst* liegt. Aus seinem Innersten wird ihm die ewige Weisheit zuteil.

Nicht nur, um eure Seelenkräfte zu entwickeln, raten wir euch zur Meditation, sondern auch, weil ihr nur auf diesem Weg Gott und die Wahrheit in euch finden könnt. «Mensch erkenne dich selbst, und du wirst Gott und das Universum erkennen.» Das waren die Worte, welche über den Eingängen der Mysterienschulen vergangener Zeiten eingemeißelt waren, Worte, deren Sinn ihr heute kaum begreifen könnt.

Die Weisen und die älteren Brüder entziehen sich der materiellen Welt und der niederen mentalen Ebenen für längere Zeitspannen. Während ihrer Meditation in der Stille verharren sie im Bewußtsein allen Lebens. Sie werden Teil der großen Lebensströme und wissen, daß die Schwingungen des Kosmos ihre Seelen durchdringen. Sie sind sich auch ihres Ursprungs und ihrer Vollendung bewußt. Sie sind EINS mit Gott, in dem alle Weisheit und alle Erkenntnis liegt. Und weil sie mit Gott sind, können sie die Menschheit beeinflussen und dem göttlichen Bewußtsein entgegenführen.

Denkt über die seelische Ausstrahlung dieser großen Weisen nach. Versucht, euch die ungezählten Lichtstrahlen vorzustellen, die von ihnen ausgehen und unaufhörlich alles Leben durchdringen – auch das eurige. Einige von euch mögen bezweifeln, daß ein solch großes Wesen jemals mit *eurer* Seele in

Einklang stehen könnte. Dennoch können wir euch versichern, daß dieser Vorgang dauernd auf einer gewissen Ebene bewußten Lebens stattfindet. Die Aufgabe jener Großen ist es, alle Seelen, die beten und bereit sind, zu erleuchten. Ihr selber könnt den Kontakt mit ihnen durch Liebe, Güte und durch richtiges Denken und Leben herstellen. Nichts hindert euch daran, es sei denn, ihr schließt sie aus, indem ihr das Gesetz der Liebe brecht.

Wir versuchen, euch zu zeigen, daß alle Erkenntnis im Menschen selbst liegt, und daß sich sein inneres Leben aller Dinge bewußt ist. Der Mensch lernt in der Inkarnation sein Bewußtsein zu erweitern, und mit dieser Bewußseinserweiterung kommt alle Erkenntnis.

Ein wichtiger Umstand hilft dem Menschen auf seinem Weg. Es ist sein angeborener Drang, innerlich zu wachsen. So wie der Same im Ackerboden seinen Keim treibt und durch die Dunkelheit der Scholle zum Licht emporstrebt, so arbeitet der Mensch zuerst unbewußt, nicht wissend, was er tut. Dann, bewußt oder unbewußt, strebt er ununterbrochen nach Bewußtseinserweiterung. Im Verlaufe seiner Bemühungen nach Selbstverwirklichung und Wachstum tut er viele sehr merkwürdige Dinge. Er wird egozentrisch und intolerant und verdrängt seine Mitmenschen. Wenn er ein ganz kleines Stückchen Wahrheit erkannt hat, meint er, daß er der einzige sei, der sie je gefunden habe. Sieht der Mitmensch an seiner Seite einen anderen Aspekt der Wahrheit, dann streitet er mit ihm und sagt: «Was du hast, ist nicht die Wahrheit – meine An-

sicht ist die einzig richtige.» In jeder Lebenslage
läßt er durchblicken, daß er, er selber, besser sei als
seine Mitmenschen. Zuletzt aber, wenn seine Seele
beginnt, Gott zu erkennen und über IHN zu medi-
tieren, wird die Erweiterung seines Bewußtseins
harmonisch. Er beginnt, nicht nur *einen* Aspekt zu
sehen, sondern die ganze Wahrheit.

Wir haben bereits gesagt, daß eine Kraft stets am
Werk sei, welche dem Menschen in seinem Wachstum hilft. Das ist sein angeborener Drang zum
Höheren. In gewisser Hinsicht zieht uns alle diese
Kraft wie ein riesiger Magnet zu sich heran. Seid
euch auch bewußt, daß der Schöpfer zu allen Zeiten Boten auf die Erde sandte. ER sandte Seinen
Sohn, erschaffen nach Seinem Bild, in der Gestalt,
in der auch der Mensch erschaffen wurde. Der
Mensch kann nur jemand, der ist wie er selber, verstehen, lieben und zu ihm aufschauen. Deshalb kam
der Sohn in verschiedener Menschengestalt auf die
Erde.

Besonders zur Weihnachtszeit und zu Zeiten der
großen Sonnwendfeste strahlt vom Sohn Gottes über
die ganze Erde eine machtvolle Kraft, welche die
Sehnsucht, emporzusteigen und zu wachsen, im
Menschen anregt.

*

Wir möchten nun eure Aufmerksamkeit auf die
Christus-Sphäre «über der Erde» lenken. Ist sie
wirklich «über der Erde»? Es scheint nur so. In
Wirklichkeit umfaßt und umhüllt sie die Erde, und
von ihrem Mittelpunkt aus strahlt ein wunderbares

kosmisches Juwel. Denkt für einen Augenblick an den Christus und die Hierarchien um Ihn, die alle Liebe, Leben, Schönheit und Wahrheit auf die Erde ausstrahlen. Sie ziehen euch stets zu einem immer erfüllteren und vollkommeneren Leben empor. Euer irdischer Verstand erschwert euch zu glauben, was wir sagen, doch in eurer Meditation fühlt ihr die Strahlkraft und das Wunder jenes Einflusses.

Der irdische Verstand ist der Zerstörer, der Mörder der Wahrheit. Doch für jede Seele wird die Zeit kommen, in der sie sich ihres höheren Lebens, ihres wahren Selbst bewußt wird. Dann wird sie fähig sein, ihre beiden Selbst als Kontrast zu sehen – das begrenzte irdische Selbst und das ewige Selbst, welches im täglichen Leben immer stärker in Erscheinung treten wird. Dann überwältigen Probleme und Schwierigkeiten den Menschen nicht mehr, denn sie werden nicht mehr für so wichtig gehalten. Er entwickelt nicht nur ein Gespür für himmlische Dinge, sondern sieht auch die irdischen Dinge in ihrer wahren Perspektive. Seine Sensitivität befähigt ihn, die Sphären zu durchdringen, um die Strahlung der höheren Welten zu empfangen.

Zur Zeit findet eine rasche Entwicklung statt, obwohl der Mensch nur wenig davon merkt. Auch im All regt sich eine beachtliche geistige Aktivität, und der Nebel der Erdensphäre wird von der Engelwelt durchdrungen. Der Mensch muss lernen, für die Strahlung aus dem All empfänglich zu werden. Er muß sich durch gutes Denken vorbereiten, muß alles, was grausam, ungehörig und ungöttlich ist, verbannen, um Besucher aus dem All, aus physischen, ätherischen und geistigen Welten, empfangen zu können. Er muß sich sowohl des Lebens im All und auf anderen Planeten als auch des geistigen Lebens in allen Naturreichen sowie seiner eigenen Beziehung dazu, bewußt werden.

Denke an die großen Meister, die in ihren Meditationen und Kontemplationen über die Menschheit dir und allen Seelen helfen können. Ob sie zu dir kommen, hängt von dir ab. Wie gering du auch sein magst und wie unmaßgeblich du dir vorkommst – läßt du deinen eigenen Grundton erklingen und tönt er harmonisch, glockenrein und wahr – dann wird er in des Meisters Herzen ein Echo hervorrufen. Du rufst ihn, und er antwortet. Bitte, und es wird dir gegeben, suche, und du wirst finden. Da ist nichts, was du nicht wissen dürftest, so du auf die richtige Art suchst. Du hast nach Gott gerufen. Du hast gesucht, du hast dich nach Wahrheit gesehnt, und ein kleines Stück Wahrheit wurde in deinem Herzen offenbart. Du wirst Weggefährten treffen auf deinem Lebenspfad, und manche werden dich um Rat bitten. Du kannst ihnen ein Vermittler sein. Zaudre nicht, ihnen durch Worte, Taten und Gedanken zu helfen.

Halte deinen Blick auf das Ziel, auf Gott, auf das ewigwährende Leben, gerichtet.

*

WHITE EAGLE
Unser geistiger Bruder spricht

Vielen Menschen, die nach einem erweiterten Weltbild Ausschau gehalten haben, sind inzwischen die Grundlinien dieser umfassenderen Erkenntnis vom Universum und der Rolle des Menschen in ihm vertraut. Doch handelt es sich vielfach immer noch um ein nur theoretisches Wissen, dem es an praktischer Umsetzung mangelt. Dazu trägt die Kopflastigkeit in puncto Theorie bei, die leider auch in vielen 'esoterischen' Büchern zu finden ist.

WHITE EAGLE geht deshalb in diesem neuen Band besonders auf den Alltag ein. Mit seiner wunderbar gütigen Weisheit greift er die Probleme auf, die jedem begegnen, der einmal mit seinem Nachbarn, Kollegen oder Verwandten über ein Leben vor dem Leben, ein Leben nach dem Tod oder die Existenz von Engeln zu reden versuchte. Wie kann man die doch so beglückenden neuen geistigen Erkenntnisse, die man sich erworben hat, an seine Mitmenschen weitergeben?

Wie verhält man sich, wenn man wegen seines Glaubens an die Wirklichkeit von Schutzengeln oder der Überzeugung vom Mitwirken der Elfen und Zwerge im Garten verspottet wird?

Wie plant man seine Meditationszeit in den vom Stress gekennzeichneten Tagesablauf ein?

Keine dieser Fragen ist den »älteren Brüdern« der Menschen fremd. Sie wissen um die Schwierigkeiten auf dem PFAD und sie setzen all ihre Kraft ein, um uns mit Inspiration und neuer Energie zu beschenken, die uns hilft, jene Probleme zu meistern, die sich vor wenigen Inkarnationen noch vor ihnen auftürmten.

Wenn Sie dieses kleine Büchlein von WHITE EAGLE in ihrer Anzugs- oder Handtasche zu Ihrem Alltagsbegleiter machen, werden Sie erleben, wieviel leichter es Ihnen fällt, die Aufgaben des täglichen Lebens zu meistern.

80 Seiten, DM / Sfr. 12.- / ÖS 90.-

WHITE EAGLE BÜCHER

IN DER STILLE LIEGT DIE KRAFT (The quiet mind)
Auslese der markantesten Worte von White Eagle
55 Seiten, DM/Sfr. 10.-   7. Auflage

WUNDER DES LICHTES (Morninglight)
Über das Woher, Wohin und Warum des Menschen
64 Seiten, DM/Sfr. 10.-   3. Auflage

VOM LEBEN JENSEITS DER TODESPFORTE (Sunrise)
Ein Buch, das Trost spendet und wahres Wissen vermittelt
64 Seiten, DM/Sfr. 10.-   6. Auflage

GEBETE IM NEUEN ZEITALTER (Prayer in the new age)
Gebete und Invokationen
95 Seiten, DM/Sfr. 12.-   2. Auflage

WEISHEIT VON WHITE EAGLE (Wisdom from White Eagle)
Vermittelt das Weltbild des neuen Zeitalters und erklärt das
geistige Gesetz und seine Auswirkungen
95 Seiten, DM/Sfr. 12.-   3. Auflage

UNSER GEISTIGER BRUDER SPRICHT (The gentle Brother
Geistige Ratschläge für den Alltag
80 Seiten, DM/Sfr. 12.-   1. Auflage

MEDITATION (Meditation)
Theorie und Praxis der White Eagle-Meditation
118 Seiten, DM/Sfr. 16.-   4. Auflage

DER GEISTIGE PFAD (Spiritual Unfoldment I)
Geistige Entwicklung und Entfaltung der Seelenkräfte
des Menschen
125 Seiten, DM/Sfr. 16.-   4. Auflage

NATURGEISTER UND ENGEL (Spirituell Unfoldment II)
Das verborgene Leben der Naturgeister und Engelwesen
84 Seiten, DM/Sfr. 12.-   4. Auflage

DIE STILLE DES HERZENS (The Still Voice)
Ein Buch für stille Stunden
106 Seiten, DM/Sfr. 16.-   2. Auflage

WARUM? (Joan Hodgson)
Ein White Eagle Buch über den Sinn des Erdenlebens
136 Seiten, DM/Sfr. 16.-   2. Auflage

WER IST WHITE EAGLE (von Walter Ohr)
48 Seiten, DM/Sfr. 8.-   2. Auflage

DIE GOLDENE ERNTE DER LIEBE (Golden Harvest)
Der Weg der geistigen Erfüllung
64 Seiten, DM/Sfr. 12.-   2. Auflage

DAS GROSSE WHITE EAGLE HEILUNGSBUCH
(The White Eagle Lodge Book of Health and Healing)
geb. 180 Seiten, DM/Sfr. 28.-   2. Auflage

DIE VERBORGENE WEISHEIT DES JOHANNES-
EVANGELIUMS (The Living Word)
geb. 240 Seiten, DM/Sfr. 36.-   1. Auflage